취
향
집

일러두기

본 도서는 국립국어원 표기 규정 및 외래어 표기 규정을 준수
하였습니다. 다만 일부 입말로 굳어진 경우에는 저자의 표기
를 따랐습니다.
도서명, 잡지명은 『』, 칼럼은 「」, 영화 제목, 그림 작품, TV 프로
그램명은 〈 〉로 표기하였습니다.
본문 내 시간적 표현은 저자가 인터뷰한 시기를 기준으로 하
였습니다.
2020년 2월 출간 이후, 소개된 브랜드 중 공간의 변화가 생
긴 곳들이 있습니다.

취향집

늘 곁에 두고 싶은 나의 브랜드

룬아 지음

지콜론북

목차

프롤로그   **Prologue**

작년에 일어난 일 중 단연 뜨거운 감자는 일본 불매 운동일 것이다. 계절이 바뀌어 서서히 불어오는 스산한 공기에 유니클로의 히트텍과 후리스가 아른거렸을 법도 한데 반값 세일조차 한국 사람들의 뜨거운 분노를 식히지 못하고 국내 매출이 반토막 났다. 일본 맥주는 편의점 냉장고 밖을 벗어날 길이 없고 일식집 대문에는 아이러니하게도 '국산 재료만 사용합니다'라는 간절한 공고가 붙었다. 어느 연예인은 SNS를 통해 히트텍 대신 살 수 있는 국산 내복을 소개하기도 했다. 위약금이 아까워 다녀온 일본 여행은 언급할 수 없는 비밀 휴가가 되어버렸다. 너와 나의 선택이 일으키는 변화에 소비자들은 자신의 한 표가 얼마나 큰 힘을 행사할 수 있는지 다시금 확인하게 된 계기가 되었으리라.

이처럼 투표적인 소비는 소비를 하는 것뿐만 아니라 소비하지 않는 것도 포함한다. 미니멀 라이프를 지향하는 사람은 무엇을 사기보다 사지 않는 쪽에 표를 던진다. 그리고 그만큼 자신의 공간에 들이는 물건 하나하나에 매우 엄격한 잣대를 들이댈 것이다. 최근에 어느 인스타그램 친구가 마음에 드는 전기밥솥이 없어서 그동안 솥밥을 해 먹거나 햇반으로 식사를 했다며, 하얗고 깔끔한 제품이 출시되고 나서야 집에 밥솥이 생겼다는 포스팅을 올렸다. 소비가 이루어져야 작동하는 자본주의 사회에서 신상품은 끝을 모르고 쏟아지고 소비자의 선택은 점점 어려워진다. 많다고 하기에도 너무 많은 선택지 중 하나를 고르기 위해서는 정보를 바탕으로 한 통찰력과 취향을 근거로 한 애정이 필요하다.

두 살배기 아들 방에 시계가 하나 필요했다. 마음에 드는 걸 사자니 너무 비싸고, 적당한 걸 사자니 일본 제품이었다. 그냥 사서 걸어도 아무도 몰랐겠지만 결국 결제 창으로 넘어가지 못했다. 참다못한 남편이 어느 날 작은 탁상시계를 하나 사 왔는데, 듣도 보도 못한 브랜드인데 다가 가짜 대리석 흉내를 낸 것이 너무 조악해서 뜨악했다. 왜 이런 것을 사 왔냐며 환불받으라 했지만 이미 아들이 시침을 떼어 어딘가로 숨겨버린 뒤였다. 우리는 이 제품을 만드는 공장에 헛된 기운만 실어 준 셈이 됐다. 남편에게 취향이 없느냐 하면 그런 것보다 그는 가성비 높고 효율적인 제품, 그러니까 사용할 만하면 괜찮다는 주의다. 반면 나는 돈을 더 주더라도 한 번에 제대로 된 것을 사서 오래 쓰자는 주의이고. 결국 아들의 시계는 내 기준으로 선택되어 크고 노랗고 비싸고 유명한 브랜드의 것이 되었다.

비싸고 유명해야 좋다는 건 아니다. 하지만 나는 가성비라는 말을 그리 신뢰하지 않는다. 대부분 가격을 치른 만큼 돌아왔다. 오랜 시간 동안 높은 만족도를 유지하며 내 곁을 지킨 물건들은 어느 정도 고민이 필요한 소비였다. 고민한다는 것은 백만 스물한 가지의 다른 선택지를 포기하고 이 정도의 지출을 감내하고서라도 반드시 손때와 자부심이 묻어난 내 물건으로 만들 자신이 있느냐의 문제였다. 그리고 이런 내 취향과 소신을 보여 주는 물건과 행위들이 모여 나의 정체성을 만들었다. 그렇기에 동그란 시계를 보며 "부릉부릉"이라고 소리 내는 아들 방에 걸어 둘 시계 하나도 함부로 선택할 수 없었다.

나에게 투표적 소비는 '때우기식 소비'를 하지 않겠다는 뜻과도 일맥상통한다. 급하다는 이유로 아무거나 사들인 물건은 언제나 끝이 좋지 못했기 때문이다. 그 물건들은 사랑받지 못하고 집 안에 있는 둥 마는 둥 자리만 차지하며 버릴 수도 없는 애물단지가 되었다. 소비에 있어서 고민이란 애정과 연결된다. 고민이 된다는 것 자체가 마음이 간다는 것일 테다. 그렇게 내 생활에 두고 쓰면 좋을 물건 중 마음 가는 것들을 골라, 브랜드를 만든 이들을 직접 만나 보았다. 이 책에 수록된 인터뷰이들이 제공하는 소비재는 상대적으로 저렴할 수도 있지만 절대적으로 값싼 물건들이 아니다. 생계에 반드시 필요한 생활필수품도 아니다. 그래서 엽서 한 장부터 가죽 소파에 이르기까지 치열한 고민과 선택이 필요한 것이다.

투표적 소비, 즉 투표하는 마음으로 하는 소비는 은연중에 예전보다 훨씬 많이 이루어지고 있다. 소비자 각자 가지는 의미도 다르다. 아무거나 사지 않겠다는 마음, 브랜드 자체가 너무 좋아서 표를 던지는 마음, 남들과는 조금 색다른 선택을 하고 싶은 마음 등이 있을 것이다. 그 이유를 한마디로 정리해서 설명하기엔 어렵다. 수많은 일러스트 브랜드 사이에서 하나의 일러스트 브랜드를 선택하는 것, 수많은 편집 숍 중 하나의 편집 숍을 선택하는 것 또한 돈 쓰는 일만큼 어려웠고 "왜 하필 이것이냐"고 물으면 답하기 더욱 난처했다. 그렇지만 그들의 이야기를 한 발 가까이서 들으며 내 선택이 옳았음을 확인받았다. 빙산의 일각 같은 대화가 끝난 후에는 내 소중한 한 표를 이들에게 던질 이유가 명확해졌다. 가성비라는 카드는 쓰지 않지만, 그렇게 함으로써 고유한 가치관을 지켜 나가는 덕에 그들은 굳건히 살아남고 있다. 생존의 법칙은 바뀌고 있다. 그러니까 이 책은 정성과 진심 그리고 피, 땀, 눈물을 담았는데 생존 여부는 여러분의 한 표에 달려 있겠다.

수집의 끝판왕,
취향에 관한 모든 경험을 제공합니다

오르에르
Orer

대표 김재원

About

수집품을 모은 오르에르 아카이브Orer archive, 문구점 포인트오브뷰Point of View와 카페가 함께 있는 공간 오르에르Orer는 자그마치Zagmachi에 이어 서울 성수동을 문화에 민감한 지역으로 재탄생시켰다. 이어 오르에르 김재원 대표는 과자점 오드투스윗Ode to sweet을 열기에 이르렀다. 방대한 양의 지식을 수집하고 걸러서 농축된 형태로 보여 주는 그의 공간은 소비자들을 새로운 레벨의 문화 세계로 이끌고 있다.

오랜만에 성수동에서 친구를 만났다. 보기 드물게 생선구이 가게가 있다고 해서 들떴지만 어쩐지 점심시간에는 문을 열지 않았다. 그 대신 닭 한 마리를 뜨끈하게 끓여 먹었다. 든든한 기분으로 들어선 좁은 골목에서 지난번 성수동에 왔을 때와는 꽤나 달라진 풍경에 고개를 좌우로 두리번거렸다. 익숙한 국산 가죽 브랜드의 쇼룸이 보였다. 이번 달 디스플레이 콘셉트가 노랑인지, 온통 노란색 제품과 그래픽으로 가득 차 있었다. 건너편에는 한눈에 봐도 힙한 중국 식당이 갓 문을 열었고, 커다란 자갈 마당을 품은 카페도 눈에 띄었다. 그 사이사이에 공장과 사무실들이 바쁘게 움직였다. 오토바이와 지게차가 짐을 가득 싣고 페달을 재촉했으며, 잠시 숨을 돌리는 중년 남자들의 담배 연기와 낮은 대화 소리가 공기 중으로 퍼졌다.

곧은길 끝에서 수직으로 새롭게 펼쳐지는 길과 맞닿은 순간, 오로라처럼 반짝이는 그래픽과 무게감 있는 간판의 오르에르가 나타났다. 꽤 오래전 방문했던 곳이다. 당시엔 공간 구성이 마무리되지 않아 1층에서 커피만 마시고 돌아왔는데, 이번에는 2층 문구점과 3층의 쇼룸까지 한가득 눈과 마음에 담아 왔다. 긴 시간에 걸쳐 완성의 모습을 갖추게 된 것이다. 오르에르 김재원 대표는 단정한 목소리로 빈틈없는 이야기를 들려주었다. 바쁜 업무 중에 노트북을 잠시 덮어 두고 하는 인터뷰였는데 말도, 행동도 서두름이 없었다. 긴 시간 동안 촘촘하게 대화를 나눴는데 이게 전부가 아닌, 아직 첫 번째 챕터에 불과하다는 느낌이 들었다. 조금 느리게 완성되지만 완벽한. 김재원 대표의 브랜드 자그마치, 더블유디에이치 WxDxH, 오르에르, 포인트오브뷰도 그렇게 만들었을 것이다.

약 3년 전까지만 해도 성수동, 하면 수제화가 먼저 떠올랐어요. 이후 꾸준히 변화하는 동네인데, 그 시작에 자그마치가 있었고요.

김재원 도우미로 시작했어요. 건국대학교 박사 과정 중에 한 교수님이 공간을 오픈한다고 하셔서 세팅에 도움드린 게 자그마치입니다. 그런데 막상 오픈하고 보니 예상한 것보다 더 난해했나 봐요. 오픈은 오픈일

뿐, 끊임없이 콘텐츠를 채워야 하니까요. 그래서 결국 제가 일임하게 됐어요. 저는 그 전엔 공부만 했었어요. 아무것도 몰랐고, 아무것도 몰랐으니 겁도 없이 이 허허벌판에 100평짜리 공간을 운영할 수 있었겠죠. 그리고 런던에서 유학할 때 낙후된 쇼어디치 지역이 변화하는 걸 직접 목격한 경험이 있어요. 그렇다 해도 자그마치로 인해 성수동이 활성화될 거라고 생각하진 않았어요. 무리수를 두었고, 운이 좋았어요.

우연히 사업을 시작하게 된 거네요. 그래도 박사 과정까지 밟고 있었으면 다른 진로를 염두에 두었던 것 같은데요.
꼭 그렇지도 않아요. 뭔가에 꽂히면 끝까지 파는 기질이 있어서 공부도 단순히 그런 생각이었어요. 이상한 수집 욕심이 있거든요. 학벌도 수집한 셈이죠.

하나부터 열까지, 아니 백까지 모조리 처음 경험하는 것투성이였죠. 충격도 자주 받고 울기도 많이 울었어요. 자그마치가 주로 카페로 알려지다 보니 동네 아저씨들이 오셔서 술을 찾기도 하고. 행정적인 일들도 처음이었고요. 지금이야 덤덤히 대응할 수 있지만 그땐 모든 걸 교과서처럼 처리하려다 보니 더 힘들었어요.

자그마치를 운영하면서 오르에르에 대한 갈증이 커졌어요. 전 콘텐츠가 가득한 문화 공간을 꿈꿨는데 공간이 카페로만 소비되고 있으니 두 가지 용도가 자꾸 충돌하더라고요. 처음에는 영업시간을 조율하면서 공간을 활용할 수 있을 줄 알았어요. 하지만 자그마치 때문에 일부러 성수동까지 찾아오는 손님들에게 죄송하더라고요. 제 공간이지만 제 마음대로 할 수 없어진 거예요. 그래서 분리된 공간으로 이루어진 다른 곳을 찾게 되었습니다. 자그마치가 성수동 중심 도로 쪽에 있다면 오르에르는 수직으로 맞닿아 있는 골목에 있어요. 중심 도로에 있는 공간들은 기본적으로 평수가 넓어 소상공인들이 들어오기 어려워요. 외롭기도 했고, 재미있는 사람들이 더 모였으면 좋겠다는 생각이 들어서 작은 공간들이 많은 골목으로 들어왔어요. 자그마치가 커다란 인쇄 공장을 리모델링한 거라면, 오르에르는 아홉 개의 상업 공간과 주택을 묶은 거예요. 자그마치 2호점이라고 하면 홍보야 쉬웠겠지만 독립된 정체성을 심어 주고 싶어서 브랜딩을 새로 했습니다. 자그마치와 전혀 다른 콘텐츠가 담길 텐데 서로 이미지가 희석될 것 같았거든요.

그럼 기획 의도와 실제 소비층이 다른가요?

사람은 자기가 쌓은 경험치 안에서 판단합니다. 저는 성수동 자그마치만큼의 경험치만 있고 그 운영 시스템을 오르에르에 그대로 적용시켰어요. 자그마치에 오는 손님들은 성수동 로컬이 아닌 외지인이 대부분이기 때문에 영업시간 전반에 걸쳐서 고르게 방문해요. 그런데 웬걸, 오르에르는 점심시간 러시가 굉장하더라고요. 근처 이마트 본사부터 시작해 오피스가 많고 주거 지역이 혼재되어 있거든요. 오픈 시기도 영향이 있었어요. 자그마치는 천천히 알려지면서 매출이 서서히 올랐다면, 오르에르는 오픈 첫날부터 인산인해를 이루었어요. 누구나 인스타그래머인 시대에 오픈한 덕이죠. 정말이지 오픈하고 두 달 동안 설거지만 한 것 같아요.

골목 하나 차이인데 흥미롭네요. 카페 유리창 너머로 오토바이와 자전거가 지나가고 그 틈에서 강아지와 산책하는 사람들과 누가 봐도 외지인인 젊은 친구들이 뒤섞인 풍경이 재미있어요.

성수동 풍경이죠. 오르에르 앞에는 오토바이 숍이, 옆에는 파랑새 노래방과 팔방미인 미용실이 있는데 70~80년대 간판을 그대로 쓰고 있어요. 처음엔 그게 얼마나 신경 쓰였는지 몰라요. 우리 건물과 한 장면에 들어오는 게 싫었어요. 어떻게 가릴 방법이 없을까 고민하기도 하고 심지어 직접 간판 디자인을 바꿔드릴까도 생각했어요. 그런데 사람들은 그 대조적인 풍경이 재미있다면서 있는 그대로의 성수동으로 받아들이더라고요. 디자인 조금 한답시고 마음대로 바꿔 놨으면 얼마나 인위적이었을까 아찔해요.

오르에르는 여러 공장들이 주인을 도맡았던 동네와 조화롭게 어울렸다. 기존의 벽돌 건물, 새것 같지 않은 간판과 전면에서 일렁이는 화려한 금속 느낌의 그래픽이 성수동의 오래됨과 새로움 중간에서 다리를 놓아 주었다. 이 공간에서 자주 마주치는 소재는 '황동'이다. 입구에서 고개를 들면 보이는 간판에 무게감 있게 쓰였고, 정부에서 나눠 주는 획일적인 팻말이 아닌 오르에르만의 번지수 팻말도 새로 달았을 뿐 아니라 건물이 지어지고 리노베이션된 연도까지 황동으로 아름답게 마감되어 있다. 일반 상가 건물과 다를 것 없어 보이는 복도 바닥에도 황동으로 만든 선들이 잔잔하게 깔려 있다. 마냥 예쁘다고 감상할 게 아니다. 그 바닥을 얻기 위해서는 시멘트를 붓기 전에 황동 피스들을 배치하고 재료가 굳은 후에도 레벨을 맞추기 위해 표면을 다시 갈아 내야 한다. 곳곳에 붙은 로고는 있어도 그만, 없어도 그만이다. 이런 사소하고 치밀한 것들이 넘쳐난다.

Orer

건물 지하에는 갤러리가 있다. 매트리스 브랜드 식스티세컨즈와 '잠'에 대한 전시를 열기도 했고, 의류 브랜드 모스카Mosca의 프레젠테이션을 갖기도 했다. 휴관 중일 때도 있다. 1년 내내 쉴 틈 없이 대관한다면 수입 측면에서 더 여유로울 텐데 그렇게 운영하지 않는다. 그야말로 열고 싶을 때, 하고 싶은 사람들하고 협업한다. 마침 3층의 오르에르 아카이브(이하 아카이브)에서는 새로운 전시가 열려, 지난주에 찾았을 때 본 것과 전혀 다른 물건들이 테이블 위에서 빛을 받고 있었다.

성수동에서 작업하는 이윤정 작가의 전시입니다. 우연히 만났는데 못을 만든다고 하더라고요. 공구 박스에서 작품들을 주섬주섬 꺼내서 보여 주는데, 금속 공예가가 다른 것도 아닌 하필 못을 만들고 있다는 행위 자체가 너무 신선하고 이상한 거예요. 한눈에 반했죠. 살면서 누구나 한 번쯤은 사용하지만 아무도 신경 쓰지 않는 사물에 주목한 게 재미있고 오브제 자체만으로도 충분히 매력적이었어요. 실제로 못처럼 사용할 수 있는 작품인데 얼마 전에 나이 지긋한 손님이 하나 사가시더니 실크 실을 이용해 가방에 달고 오셨더라고요. 정말 예뻤어요.

소외된 존재를 재발견해 주니 사용자가 새로운 사용법을 찾았네요. 재미있어요, 의미도 있고. 예전에 헤비 미러Heavy Mirror를 주로 만드는 그레이트마이너Greatminor와 전시할 때도 엄청 신나 보였는데.
그 쌍둥이 자매는 굉장히 독특해요. 전 이상한 짓 많이 하는 사람들을 좋아해요. 정말 순수한 마음으로 하는 거잖아요. 돈이 우선순위가 되면 할 수 없는 일들이라고 생각해요. 그레이트마이너에서 탐구하던 것들을 조금 다른 환경에서, 조금 넓은 곳에서 보여 준다면 새로운 모습이 드러날 거라 생각했어요.

전시 큐레이션도 그렇고 물건을 수집하거나 상품을 고르는 일도 전체를 관통하는 주제가 '발굴'이라고 생각되네요.

발굴과 발견이죠. 이미 유명한 작업자들은 훨씬 더 좋은 환경에서 전시할 수 있잖아요. 보다 편하게 접근하고 싶어요. 재미있게.

사람뿐만 아니라 물건에 있어서도 굉장한 컬렉터죠.

어려서부터 항상 무언가를 모으고 있어요. 처음에는 지우개랑 메모지, 판박이 같은 것들이었고 중학생이 되면서 핫트랙스를 접하고 수입 스티커를 모으기 시작했죠. 샌디라이온Sandylion이라는 브랜드였는데, 몇 년간 용돈을 탕진해 가며 스티커 북을 만들었어요. 그런데 어느 날 학교에서 누가 그걸 훔쳐 간 거예요. 어린 마음에 너무 충격받아서 조퇴하고 수집마저 그만뒀어요. 런던에서 대학을 다니며 다시 수집을 시작했는데, 비닐봉지까지도 모았다니까요. 회사에 다니고 수입이 생기고부터는 조금 더 고급 컬렉팅을 하기 시작했죠.

Orer

저는 물건이 쌓이는 걸 좋아하지 않아서 수집 경험이 거의 없어요. 그 많은 물건을 어떻게 관리해야 할까 막막하고, 모으기는커녕 너무 잘 버려서 나중에 찾아 보면 이미 사라진 경우가 종종 있어요. 그렇다고 미니멀리스트는 아니에요. 버리는 만큼 새로 사는 것도 좋아하거든요. 수집이란 단지 원하는 물건을 소유하는 것과는 다를 것 같은데, 그 매력이 궁금해요. 어떤 물건에 대해 리서치하고 얻기까지의 과정이 어려우면 어려울수록 더 재미있고, 글로만 보던 걸 실제로 경험할 수 있어서 좋아요. 남들에게 자랑했을 때의 뿌듯함이 없다면 거짓말이고요. 하지만 전 소유욕은 없어요. 아무리 힘들게 구한 물건이라도 손에 들어오는 순간 애정이 사라져요. 물건들을 방치하기는 부지기수이고, 없어져도 잘 몰라요. 과정만 즐기는 거예요.

컬렉터가 되고자 하는 초심자는 어디서부터 어떻게 시작해야 할지 헤맬 수 있을 것 같아요. 방법도 다양할 테고요. 리서치에 일가견이 있는 것 같은데 어떠신가요?

영국에서 공부한 영향이 커요. 우리나라 교육에서는 결과물이 중요한데 영국에서는 온통 리서치였어요. 이상하기도 하고 무엇보다 초조했어요. 그런데 점점 재미가 붙더라고요. 방대한 양의 정보를 접하면서 새로운 세계를 만나게 돼요. 리서치가 탄탄하면 그만큼 다양한 결과물이 나올 수도 있고, 리서치 방향에 따라 결과가 달라지기도 하고요. 그때 저의 성향을 발견하게 됐어요. 돌이켜 보니 어려서도 인형놀이보다는 탐정놀이를 하면서 놀았던 기억이 나더라고요. 리서치는 제 나름의 방식이 있는데, 먼저 '끝판왕'부터 찾기 시작합니다. 예를 들어 문구를 탐구한다면 기원부터 시작해서 처음으로 만든 회사, 가장 많이 만드는 회사, 가장 잘 만드는 회사, 가장 특이한 걸 만드는 회사 등을 검색해요. 해당 국가의 원어로도 검색하는데 결과가 전혀 다르게 나오거든요. 그리고 마지막 검색 페이지까지 모든 정보를 샅샅이 살펴봐야 직성이 풀려요.

정말 신기해요. 갑자기 노트북 환경이 궁금해졌어요.

컴퓨터가 힘들어해요. 항상 인터넷 창이 천 개씩 열려 있고 전원을 끄지도 않아요. 언젠가 강연을 하면서 나를 나타내는 이미지를 보여 줘야 했는데, 노트북 화면을 캡처해서 보여 줬어요. 인터넷 창 탭이 종잇장처럼 쌓여 있는 장면을요. 하루라도 리서치를 안 하면 병날 것 같은 기분이 들어요. 새로운 정보를 계속 얻고 뭐라도 읽어야 해요. 그리고 모든 걸 엑셀로 정리해야 비로소 끝이 나요. 활자 중독이라고 하죠. 사람들이 언제 노냐고 물어보는데 전 이게 노는 거예요. 통상적으로 '논다'라고 하는 행위에 별로 흥미를 못 느껴요.

김재원의 모습은 담백했다. 짧은 커트 머리에 핏이 딱 떨어지는 검은색 옷, 손가락에는 얼마 전 아카이브에서 전시를 마친 작가의 은반지가 하나 끼워져 있었다. 스티브 잡스의 까만 터틀넥이 잠시 떠올랐다.

그렇게 공들여 수집한 물건들을 내놓았는데, 다른 사람들도 좋아할 거라는 확신이 들었어요?

전혀요. 아카이브를 열기 전 라이프 스타일 편집 숍 더블유디에이치를 기획했어요. 공산품이 주를 이루는 가게인데, 좋은 제품이지만 공산품만 있으니 건조한 느낌이 들어서 제가 모아 둔 물건들을 활용해 연출해 봤어요. 사실 별거 아니에요. 길을 걷다 주운 돌멩이나 마른 나뭇가지 같은 것들이었거든요. 그런데 연출된 모습 그대로 구매하고자 하는 사람들이 생겼어요. 처음에는 그냥 드리기도 했는데 점점 수요가 많아지더라고요.

그때 깨달았어요. 사람들이 천편일률적인 공산품이나 실용과 합리만 따지는 제품들에서 피로감을 느낀다는걸. 그게 저의 수집품들을 파는 가게, 오르에르 아카이브를 오픈한 계기가 되었죠.

아카이브도, 포인트오브뷰도 모두 퀄리티 좋은 물건들이지만 컬렉팅 기준이 퀄리티는 아닐 것 같아요.

기준이 달라요. 아카이브는 저의 취향과 그 변천사가 고스란히 보이는 공간입니다. 퀄리티만 따지면 세상에 훨씬 더 좋은 물건들이 많죠. 무조건 비싼 것만 취급하는 것도 아니고요. 한때는 실험 도구에 푹 빠져서 표본 같은 걸 잔뜩 모았어요. 대단한 걸 모아야 의미가 있는 건 아니라고 생각해요. 개인의 취향도 모으면 재미있는 이야기가 되거든요. 20대 때는 지난 취향을 촌스럽고 창피하다고 생각해서 다 갖다 버리기도 했어요. 아까워요. 취향에는 좋고 나쁨도, 우위도 없는데. 포인트오브뷰의 기준은 명확하게 얘기하기 어려워요. 공간에 어울려야 하고, 다른 상품과의 조화도 중요하고요. 디자인이 너무 뛰어나도 가격대가 맞지 않으면 바잉 할 수 없고, 한편으로는 디자인이 너무 훌륭해서 아무리 비싸도 바잉 할 수밖에 없기도 해요. 전체적인 균형에 맞춰서 선택해요.

취향을 말하는 대목에서 남몰래 위로를 받았다. 20대 때의 나는 남다른 취향을 가지고 있었다. 모두가 폴로셔츠에 면바지, 버켄스탁 슬리퍼를 신고 등교할 때 난 나팔바지에 끈 달린 민소매를 입고 통굽 구두를 신었다. 가끔 벨벳 랩스커트를 두르기도 했고, 긴 머리를 새빨갛게 염색하기도 했다. 여전히 기억나는 순간들이 있다. 엘리베이터에서 내리는 순간 나를 마주한 선배의 눈빛과 제스처라든지, 동기가 지나가면서 던진 멘트라든지. 직장 생활을 하면서 내 취향의 강도도 점점 사그러 들었지만 주위 사람들의 조언은 여전했다. 그런 순간들이 없었더라면 지금쯤 나는 어떤 모습을 하고 있을까. 이제는 얼추 배경에 스며들 수 있게 되었지만 15년이 더 지난 지금도 스무 살 때의 나는 나를 쫓아다닌다. 이미지란 그토록 강력하다. 창피하지 않았는데 창피해졌다. 이런 나에게 김재원의 취향론은 따뜻한 버터같이 녹아들어 지난날의 나도, 지금의 나도 모두 좋아할 수 있게 해 주었다. 그때의 나는 조금 실험적이고 과감했을 뿐이다.

이 방을 붉게 칠하기로 결정했는데, 페인트 가게 실장님이 몇 번이고 다시 물어보셨어요. 정말 칠할 거냐고. 무당집 같다고.

2층에 있는 오르에르 라운지는 사방이 온통 붉은색이다. 일반 벽돌색보다는 조금 더 자줏빛이 돈다. 하지만 벽의 색깔에서 이질감을 느끼지 못했다. 이 방은 처음부터 그랬던 것 같이 자연스러웠다. 그보다는 정면의 벽을 몽땅 채우는 스피커의 웅장함과 자연스러운 듯 참신한 테이블 세팅이 더 눈길을 끌었다.
나란히 나열된 테이블에서는 사람들이 혼자서, 또는 삼삼오오 모여 일을 하거나 담소를 나누고 있었다. 스피커에서 나오는 클래식 음악과 웅성거리는 화이트 노이즈를 배경 삼아 계속 대화를 나누었다. 그러다 소리가 잦아들면 우리의 목소리도 함께 낮아졌다. 커다란 방 안을 떠다니는 모든 소리가 파도처럼 묵직하게 일렁였다.

오르에르는 가능한 한 모든 측면에서의 경험을 제공하고자 합니다. 하지만 너무 직접적인 건 촌스러워요. 각자 자신의 지식과 경험치 안에서 느끼게 되는데, 모두에게 맞추려 하면 수준을 낮출 수밖에 없거든요. 반대로 대중성과 수익 창출을 위한다면 굳이 어렵게 할 필요는 없죠. 아까 말씀하신 복도 바닥의 황동 디테일도 시각적으로 민감하거나 인테리어에 관심이 있는 사람들이라면 눈에 띌 거예요. 외부에서 들어올 때 정원부터 마주하도록 동선을 짠 건 성수동 풍경에서의 즉각적인 무드 체인지를 유도한 것이고, 이렇게 커다란 스피커를 비치한 것도 일상과는 다

른 경험을 제공하기 위해서입니다. 요즘은 주로 음악을 이어폰으로 듣
잖아요. 아카이브는 주택이 갖고 있던 입체적인 나무 천장을 그대로 유
지해서 할머니 집의 향수를 불러일으키기도 하는 반면 박물관같이 엄숙
한 분위기에서 보낸 시간이 오래도록 기억에 남기를 바라고 있어요.

공간이 빈틈없이 계획된 느낌이 들어요. 1층 카페의 오픈을 시작으로 2층
의 라운지, 3층의 아카이브, 그리고 다시 2층의 포인트오브뷰까지 차곡
차곡 채워졌네요. 이렇게 오랜 시간에 걸쳐서 오픈한 이유가 있을까요?
저 혼자 리서치와 기획을 하고 업무를 배분하는 시스템이다 보니 물리적
인 한계가 있어요. 2016년에 1층만 오픈했을 때, 모든 공간을 한 번에
완성하지 못했다는 사실을 받아들이기가 괴로웠어요. 하지만 전화위복
이라고 그 덕분에 오르에르가 아직까지 살아남은 것 같아요. 공간에 대
한 이미지 소비가 너무 빠른 요즘, 하나씩 오픈하니 재방문도 많아요.

하나하나 덧대어서일까, 오르에르 공간은 마치 패치워크를 한 것 같다. 한 층 한 층, 방마다, 복도마다 각각 다른 느낌을 내며 혼재되어 있다. 일관성이 없고 재미있다. 오래되고 새롭다. 성수동처럼.

버려진 공간에 생명을 불어넣는 것에는 다양한 의미가 있겠죠. 대표님에게 재생 건축은 어떤 건가요?

재생 건축. 중요한 키워드죠. 하지만 무조건적인 적용이 의미 있다고 생각하지는 않아요. 서울이 재미있는 이유는 동네마다 정체성이 뚜렷하기 때문인데, 그중에서도 재생 건축이 매력적인 동네가 따로 있어요. 오르에르가 청담동에 있다면 이런 느낌은 아닐 거예요. 건물을 아예 새로 지었겠죠, 세련되게. 그게 로컬리즘에 더 맞는다고 생각해요.

가게를 준비하는 과정에서 지역 상생에 많은 노력을 한 것으로 알고 있습니다. 전 서울을 향유하는 사람들이 그런 노력을 알았으면 좋겠다는 생각을 늘 해요. 멋진 곳에서 맛있는 커피를 마시는 게 전부가 아니라 그 밑바탕에 어떤 철학이 담겨 있는지, 어떤 노고가 숨어 있는지.

물론 그러면 좋죠. 그러기 위해서는 지역적 경험을 해 보는 게 좋아요. 커피는 오르에르에서 마시더라도 식사는 성수동의 오래된 밥집에 가서 먹는 거죠. 오르에르 앞에 '외갓집'이라는 식당도 정말 맛있어요. 기존의 것과 새로운 것을 함께 즐기면 좋겠지만 손님마다 취향이 다르니 강요할 순 없죠.

성수동은 여전히 기존 산업이 활발하게 돌아가는 지역이죠. 젠트리피케이션에는 어떻게 대처하고 있나요?

제가 주범이라는 얘기도 많이 들었어요. 하지만 젠트리피케이션은 우리

나라만의 문제도 아니고, 누가 막을 수 있는 것도 아니에요. 최대한 자연스럽게 겪어 내야 해요. 피할 수는 없어요.

그래도 성수동은 다른 동네에 비해 속도가 빠르다는 느낌이 안 들어요. 그 흔한 스타벅스나 올리브영도 안 보이고.

보통 지역 산업이 활성화되면서 임대료가 올라가고, 그러면서 기존 상권은 사라지고 온통 새것으로만 가득 차죠. 정책적인 영향도 있지만 성수동은 가게 주인이 건물주인 경우가 많아요. 그래서 쉽게 교체가 이루어지지 않아요. 하지만 터줏대감이라고 해서 혁신을 거부하기만 하는 것도 바람직하지 않다고 생각합니다. 젊은 사람들이 동네로 유입된다면 그들도 새로운 시도를 하면서 흐름에 맞추어 갈 수 있도록 고민해야 해요. 다 같이 노력해야 하는 문제예요.

몇 년 전 친구가 성수동에 있는 부동산을 방문했을 때, 중개인이 건물을 하나 추천하며 꼭 사 두라고 조언했단다. 건물 가격은 예상대로 훌쩍 뛰었다. 부동산 입장에서 보면 성수동은 투자하기 좋은 지역일 테다. 하지만 여느 동네처럼 급하게 건물을 사고팔았더라면 오늘날의 성수동은 아마도 진작 사라졌을 것이다.

2층에 있는 문구점 포인트오브뷰는 관점이라는 뜻이네요. 오르에르 아카이브, 오르에르 스토리지같이 시리즈가 아닌 다른 네이밍을 한 이유가 궁금해요. 문구점 이름으로 관점이라는 주제를 택한 것도.

이름을 오르에르 시리즈로 짓지 않은 이유는, 유닛처럼 지점을 내고 단독으로 성장시키고 싶어서예요. 문구를 좀 더 넓은 관점으로 바라보고자 했어요. 문구가 창의적인 결과물을 만들어 내는 도구라고 봤을 때 하드웨어뿐만 아니라 소프트웨어적인 측면도 함께 아우른 거예요. 사람이

펜과 종이만 갖췄다고 해서 글을 쓸 수 있는 건 아니죠. 사색하고, 브레인스토밍도 하고, 정리도 해야 펜과 종이가 제 역할을 할 수 있어요. 만약 책상에 모래시계나 빛에 따라 움직이는 오브제가 있다면 그걸 보면서 명상할 수 있지 않을까요? 멍때리는 시간도 글을 쓰거나 그림을 그리게끔 길을 만들어 주는 도구라고 생각했습니다.

재미있있네요. 오브제 종류가 많아서 단순히 큐레이터의 취향인 줄 알았어요. 그러고 보면 언제부턴가 문진의 인기가 높아진 것 같아요. 하나쯤 소장하고 있는 사람들이 심심찮게 보여요.

한국 사람들이 이렇게 오브제를 찾았나 싶을 정도로 최근 들어 인기가 많아요. 인스타그램의 영향도 있다고 봐야겠죠. 문진은 그 자체로 심미적인 오브제이면서 실용성도 있고 가격도 적당해서 쉽게 소비되는 것 같아요. 꼭 필요하진 않지만 사치스러운 느낌도 안 들거든요.

필요에 의한 것보다 단숨에 끌려서 하는 쇼핑의 즐거움이 훨씬 큰데 이곳은 그런 충동을 자극하는 곳 같아요. 뭔가를 찾아서 오기보다는 와서 찾게 되는. 오르에르의 '발굴'과 '발견'이라는 철학이 이렇게도 나타나네요.

무심한 듯 비운 연출을 할 수도 있지만 문구 덕후로서 문구점은 바글바글해야 한다고 생각해요. 공간에 들어서는 순간 볼 게 너무 많아서 정신이 혼미해지는 기분 있잖아요. 그런 압도되는 느낌을 주고 싶어요. 뭘 사야 할지 몰라 우왕좌왕하는, 그게 또 쇼핑의 묘미죠.

문구는 공산품이잖아요. 다른 곳에서도 살 수 있다면 포인트오브뷰여야 하는 이유가 있나요?

대부분 이곳에서만 수입하고 있는 물건이거나 협업을 통해 제작한 상품들이에요. 기존에 있는 물건을 그대로 들이고 싶은 생각은 없어요. 처음에는 한국의 문구를 소개하고 싶어서 여러 기업에 디자인 제안서를 보냈는데 한 군데도 수락하지 않더라고요. 귀찮고 복잡한 일을 벌이고 싶지 않았겠죠. 그래서 국내 작가들과 손을 잡고 문구 카테고리에 포함될 만한 것들을 만들기 시작했어요. 우리가 아무리 열심히 한들 독일이나 일본의 오랜 기술력으로 만드는 아이템과는 경쟁할 수 없어요. 그러다 보니 문진, 모빌, 가방 등을 만들게 된 거예요. 아크릴로 아트 피스를 만드는 윤라희 작가는 책상 위에 올릴 수 있는 스케일의 오브제를 만들어 주었어요. 이런 한정품을 계속 늘려갈 거예요. 그렇게 조금씩 힘이 생기면 우리를 거절했던 기업들에 다시 도전해 볼 수 있지 않을까 해요.

모든 과정을 세세하게 다지는 것 같아요.
공을 많이 들여요. 브랜딩할 때 모두 글로 정리하고, 막상 배포하지도 않는 보도 자료를 열심히 만들어요. 사실 연필은 그저 연필이죠. 하지만 왜 꼭 이 연필이어야 하는지 설명이 부족한 것이 대부분이에요. 아는 만큼 보이기 때문에 제품마다 설명 카드를 붙여 놓았어요. 그러면 그냥 연필이었던 것도 누군가에겐 하나쯤 소장할 만한 가치가 있는 물건이 되죠.

카드 읽는 게 재미있었어요. 가장 기억에 남는 건 초록색 주사위였는데, 모든 면이 같은 무게로 제작되어 같은 확률로 떨어진다는 거예요. 한 번도 그 작은 물건의 과학에 대해 생각해 본 적 없었거든요. 주사위라는 물건이 신비로워 보이기까지 했어요.
콘텐츠가 없다면 오프라인 공간은 굳이 쓸모가 없어요. 온라인에서 구매하면 되는걸요. 하지만 직접 방문해서 이야기를 듣고, 물리적인 경험을 하고, 물건을 쓸 때마다 그 경험이 기억난다면 다시 이곳에서 쇼핑을 하고 싶어질지 몰라요. 온라인 시장이 강화될수록 오프라인은 더 풍요로워질 거예요. 그러기 위해서는 경험적인 측면을 발전시켜야 하죠.

카운터 디자인도 참 독특해요. 유럽의 오래된 약국 같기도 하고.
사람들이 호그와트(영국 소설 『해리 포터』에 등장하는 학교)에 문구점이 있다면 이렇게 생겼을 거라고 하더라고요.

흔히 접하기 어려운 묘한 매력이 있어요. 사과 로고도 그렇고요.

많은 사업체를 운영하고 있지만 로고는 처음 만들어 봤어요. 자체 제작을 할 계획이 있는데 문구에 있어서만큼은 로고의 힘이 크다고 생각하거든요. 포인트오브뷰 네이밍 리서치를 하는 과정에 세잔Paul Cézanne의 사과가 있었어요. 세잔의 사과는 관점을 의미하는 대명사 같은 것이에요. 세잔은 당시 원근법에 열광한 화가들의 그림에 회의감을 드러내며 모든 사물에는 각자의 관점이 있고 그 관점으로 봤을 때 원근법은 성립되지 않는다고 주장했어요. 그 이야기가 너무 재미있었고 그래서 사과가 로고가 되었어요.

036

요즘엔 어떤 것에 빠져 있나요?

불현듯 수예점을 오픈하고 싶다는 생각에 들떠 있어요. 과거에는 동네마다 수예점이 있었어요. 물론 동대문에 가서 잔뜩 살 수 있지만, 큐레이션이 안 되어 있기 때문에 제대로 아는 사람만 볼 수 있어요. 좋은 제품들을 골라내서 예쁜 재료 숍을 만들고 싶어요. 포인트오브뷰의 텍스타일 버전인 셈이에요. 제 전공이 텍스타일인데 이번에야말로 제대로 살릴 수 있게 됐죠. 애정도 많고, 누구보다 많은 걸 알고 있으니까요.

기획도 하고, 디자인, 교육, 유통, 더 나아가서는 이런 단어들로는 표현되지 않는 많은 일들을 하고 있네요. 이 공간을 이루는 것들도 한마디로 쉽게 정의할 수 없고요.

전 다양성을 추구해요. 단 하나의 뚜렷한 이미지로 굳히고 싶다면 모든 이벤트를 하나의 결로 구성하면 되지만 그보다는 '~하는 사람'이라는 뜻을 담은 오르에르라는 이름처럼 다양한 사람들이 모여서 재미있는 일들이 계속 일어났으면 좋겠습니다. 손님들도 다음에는 어떤 계획이 있냐고 묻곤 해요. 이제 곧 라운지에서 '야학'이라는 이름으로 강연 형태의 프로그램을 시작할 거예요. 성수동과도 잘 어울리죠? 현대인들은 대부분 교육을 받지만 여전히 뭔가를 더 배우고 싶어 해요. 하지만 학원에 간다고 배울 수 있는 것들이 아니죠. 그리고 쉽게 정의할 수 없고 불분명해 보이는 일들도 꾸준히 한다면 하나의 형태를 이루게 돼요.

요즘에 일어나는 갖가지 형태의 일들을 한마디로 정의할 수 있는 사람이 얼마나 될까. 언어는 문화를 좀처럼 따라가지 못하고 있다는 생각이 들었다. 크리에이티브 디렉터, 디자인, 콘텐츠 같은 단어들이 나타내는 일의 단면들은 실상에 비해 너무 단조롭다. 그리고 누구도 자신을 단어의 틀 안에 가둘 이유가 없다. 말이 아닌 행동으로 보여 주면 되는 것이다. 종종 힘이 달리거나 의구심이 든다면 언젠가는 이루게 될 그 하나의 형태를 위해 끈기 있게 매달려 보면 될지도 모르겠다.

긴 대화를 마치고 다시 포인트오브뷰에 발을 들였다. 이번에는 완전한 소비자의 마음으로 촬영 때 눈여겨봐 두었던 가방을 집어 들었다. 톡톡한 소재의 검은 천에 사과 로고가 하얗게 자수 놓인 작은 크로스백이다. 어깨에 걸면 자동으로 주둥이가 잠기는 재미있는 구조의, 갤러리에서 프레젠테이션을 열었던 모스카와 협업한 가방이다.

김재원의 모든 일은 사심에서 출발한다. 함께 하고 싶은 사람들을 찾고, 반드시 함께 한다. 빈틈이 없는데, 그래서 오히려 틈이 생긴다. 정말 원하는 것이 아니면 억지로 채우지 않기 때문이다.

돈을 벌 수 있는 구조나 마인드는 아니라며, 그래도 이 편이 마음이 편하다고 솔직히 고백했다. 돈은 재미를 지속할 수 있을 만큼만 유지하면 된다는 말에 대기업에서는 자본이 있어도 할 수 없는 일들이라고 한마디 더하는 활자 중독이자 수집 덕후인 김재원의 얼굴에 뿌듯한 기운이 어렸다.

BRAND INFO

HOMEPAGE: ecriture.kr

INSTAGRAM: @or.er / @orer.archive / @pointofview.seoul / @ode.to.sweet

Orer

몰랐던 취향을 발견하고
일상에 예술을 들이세요

앙봉꼴렉터
Un Bon Collector

대표 강신향 + 강현교

About

국내에서 쉽게 찾아 보기 힘든 상품, 용도가 불분명한 오브제 등을 취급하며 일상과 예술의 폭을 넓히고자 하는 편집 숍. 파리에서 유학한 강신향, 강현교 자매가 운영하고 있다. 편집 숍과 더불어 젠더 이슈 관련 주제를 다루는 자체 브랜드 피으Fille도 운영 중이다. 다양한 파트너들과 손잡고 전시, 팝업 스토어, 워크숍 등의 이벤트를 선보이고 있다.

서촌에서 가장 좋아하는 골목이 있다. 경복궁역 3번 출구에서 관광객들을 헤치고 대로변을 따라 걷다가 낡은 후지필름 간판이 보이기 시작하면 마음이 차분해지는 짧은 돌바닥 길이다. 그 골목에는 카페 Mk2와 갤러리 팩토리, 더북소사이어티 등 알 만한 사람은 아는 서촌 터줏대감들이 오래 자리를 지키고 있다. 독립 서점 가가린이 결국 문을 닫았을 때, 자본의 냄새가 나는 화려한 가게들이 들어섰을 때 괜한 위기의식을 느꼈다. 이 골목에서 커피 한 잔이라도 더 마셔야지, 책 한 권 더 사야지. 제발 변하지 않기를, 작은 가게들이 제발 사라지지 않기를 바라면서.

긍정적인 변화도 있다. 좋아하는 편집 숍이 서촌 구석에서 이 통의동 골목으로 자리를 옮겼다. 같은 동네인데 왜 이사했는지 물으니 공간도 공간이지만 저쪽은 사람들이 일부러 찾아야 발견되는 숨은 자리라서 그렇다고 했다. 그런데 이쪽 골목도 굳이 찾아와야 할 것 같다. 3층인 데다가 눈에 띄는 간판 하나 없다. 자신감이다. 여러 허들에도 불구하고 앙봉꼴렉터(이하 앙봉)를 사랑하는 사람들 덕에 서촌 메인 거리 한 자리로 업그레이드되었으니까.

이 골목은 월세가 비싸지 않나요?
　강신향(이하 향) 보기보다 괜찮아요. 주인들 대부분 연령대가 높고 여유가 있는지 좋은 분들이 많아요. 그래서 가게들이 오래 남을 수 있는 것 같아요. 무엇보다 여긴 3층이잖아요.

앙봉은 숍은 숍인데 리빙 숍도, 액세서리 숍도, 서점도, 아트 갤러리도 아니다. 또는 그 모든 것이다. 숍을 이전한 후에는 일을 더 벌여 팝업 스토어나 전시, 워크숍, 토크도 진행한다. 어느 행사 하나의 비중이 높지 않고 비등비등하다. 물건 가짓수도 현저히 적다. 장사할 욕심이 있는 건지 모르겠다. 아, 디자인을 하니 외주 작업을 받을지도 모른다. 하지만 그것도 아니란다. 그야말로 짬뽕인데 공간에 들어서는 순간 이런 질문이 무색하리만치 모든 것이 한데 어우러져 당연하게 느껴진다.

Un Bon Collector

향 이곳을 어떻게 설명해야 할지 모르겠어요. '좋은 걸 수집한다'는 뜻의 이름처럼 가게 주인인 우리가 좋아하는 것들을 소개하고 보여 주는 곳이에요. 쉽게 말하면 편집 숍인데 워낙 물건이 적어서 생소하게 느껴지는 것 같아요. 현재는 팝업 스토어를 진행하고 있어서 비교적 공간이 채워진 거고, 평소에는 훨씬 뜨문뜨문하거든요. 변화도 크지 않아요. 처음 오픈할 때와 같은 브랜드, 같은 제품을 그대로 다뤄요. 물론 추가되기도 하지만 적죠. 유통하는 브랜드 자체도 큰 변화가 없거나 신제품 생산이 많지 않고요. 구매와 상관없이 이 공간에 와서 물건을 보고 고르는 경험 자체가 소비라고 생각하기 때문에 판매를 위한 지나친 디스플레이는 지양해요. 사실 많이 팔려면 카테고리별로 나눠서 진열하면 됩니다. 물건을 찾기도, 비교하기도 쉬워지니까요. 하지만 이곳은 종류와 상관없이 서로 어울리는 물건들을 함께 비치해요. 이 방식에 무리가 있을까 고민한 적도 있지만 우리가 추구하는 미적 감각과 분위기를 포기하지 못했어요. 잘 어울리는 품목끼리 섞으면 물건이 더 돋보이는 게 사실인걸요. 그래서인지 꼼꼼하게 충분히 보는 손님들이 많아요. 창가 벤치에 앉아서 책을 읽다 가기도 하고요.

단순히 편집 숍이라고 하기엔 어떠한 라이프 스타일을 제시하는 공간 같습니다. 이런 숍을 열어야겠다고 생각한 계기가 있나요?
항 프랑스에서 유학했는데 파리에는 가게 주인의 취향에 따라 큐레이팅한 물건을 판매하는 작은 상점들이 많아요. 그걸 보며 마음이 동했어요. 당시만 해도 해외 유명 브랜드가 아닌 개인 작가나 디자이너 브랜드의 제품을 소개하는 숍이 한국에 많지 않았거든요. 단순했어요. '내가 좋아하는 것들을 보여 주면 다들 좋아하겠지', 공유하고 싶은 마음 하나였어요. 하지만 예쁘다고 느끼는 것과 구매까지 이어지는 건 완전히 다른 차원의 일이더라고요. 지금도 배워 가는 중이에요. 그래도 제 고집을 포기하지 않고 상업성이나 대중성에 치우치지 않으려 노력하고 있어요. 브랜드의 인지도가 생기고 사람들의 눈에 익기 시작하니 점점 피드백이 오더라고요. 확실히 낯선 것에 대한 소비는 쉽지 않은 것 같아요. 게다가 의류같이 직관적으로 보이는 아이템이 아니라 인테리어 소품, 서적 위주의 물건들이어서 접근하기 더 어려웠어요. 반면에 이런 운영 방식은 재구매율이 높다는 장점이 있습니다. 단골이 늘어나는 거죠. 취향이 비슷한 사람들이 모이게 되니까요. 우리는 변함없이 같은 제품을 취급하고, 손님들은 신중하게 구매하니 만족도가 굉장히 높아요.

Un Bon Collector

앙봉에서 취급하는 것들은 말씀처럼 꼭 필요해서라기보다 취향에 꼭 들어맞기 때문에 소유하고 싶은, 아주 단순한 이유이지만 그렇기 때문에 더욱 고민되는 마음을 일으키네요. 일종의 투자 같은 소비인데 그만큼 만족도가 클 수밖에 없겠어요. 구체적으로 어떤 기준으로 상품을 수집하나요?

강현교(이하 교) 쓰임새나 브랜드 가치도 염두에 두는데 제일 중요한 건 일관성이에요. 트렌드에 쫓기지 않으려고 노력하거든요. 매력적인 제품은 많죠. 하지만 휘발성이 짙고 단발적인 느낌을 가진 것들은 지양해요. 갑자기 인기가 많아져 희소성이 떨어지는 물건도 피하고요. 독점하려는 건 아니지만 어디서나 구할 수 있는 걸 우리도 취급할 필요는 없다고 생각해요. 그래서 꾸준히 자기만의 스타일을 유지하는 작가나 브랜드를 찾는 편이에요.

품목 구성도 한쪽으로 치우치지 않게 관리하는 것 같아요.

교 특정 품목에 국한하지 않으려고 해요. 라이프 스타일과 관련된 거라면 뭐든지 들여올 수 있고, 사실상 제한이 없는 셈이죠. 생뚱맞은 게 들어올 수도 있어요. 예를 들면 스케이트보드요. 앤디 워홀Andy Warhol의 작품이 그려져 있는 제품이었는데 인테리어 소품으로 활용해도 좋고 실제로 타도 되는 거였거든요. 멋있다고 좋아했는데 막상 판매는 부진했어요.

앙봉과 그 소비자를 상상해 보면 앤디 워홀 스케이트보드가 잘 팔릴 것 같진 않다. 반면 예약 판매까지 해야 할 정도로 인기 있는 상품이 있었는데, 셀린느의 그래픽 포스터였다. 꽤 비쌌지만 그만큼 매력적이었다. 그런데 언제부턴가 카피 제품이 시장에 돌기 시작했고 결국 작가는 포스터 생산을 중단하기에 이르렀다. 작가가 한국 시장을 콕 집어 언급하지는 않았지만, 강신향과 강현교는 미안함을 감출 길이 없었다고 했다. 많은 이들이 소장을 꿈꾸던 작품의 오리지널을 이제 앙봉에서는, 아니 어디에서도 찾아볼 수 없게 되었다.

Un Bon Collector

국내에서 쉽게 찾을 수 없는 물건들이 많은데 특별히 소개해 주고 싶은
게 있나요?

교 오프라인에서만 판매하는 물건이 있어요. 아르호이Arhoj라는 덴마크
세라믹 스튜디오의 '유령'이라는 작품이에요. 모두 수작업으로 만들어서
어느 한 가지도 동일한 게 없어요. 그래서 온라인 판매가 불가능하기도
하고요. 이 물건이 재미있는 이유는 용도가 불분명해서인데, 작은 캐릭
터가 그 자체로 귀엽고 독특해요. 눈에 잘 띄어서 손님들이 용도를 많이
물어보기도 하고 예쁘다고 좋아하는데도 선뜻 개인의 구매까지 이어지
지 않더라고요. 그 대신 선물용으로는 잘 판매돼요.

그런 제품은 선물로 받았을 때 기분이 참 좋아요. 몰랐던 취향의 세계를
열어 주는 것 같아 주는 사람도 감각 있어 보이고요. 모호한 경계에 있는
물건을 소개하는 것 자체가 의미 있네요. 한국의 소비 양상을 보면 보통
패션 아이템이나 유명 브랜드에 치중되어 있잖아요.

향 앞으로 다루고 싶은 물건들도 바로 그런 거예요. 반드시 실용적이지
는 않아도 취향이 드러나는, 어떤 사람에게는 쓸모없지만 누군가에게는
소중해질 수 있는 것들이요.

고착화된 소비 형태를 변화시키고 새로운 문화로써 소개하는 것은 어려
운 일이에요. 하지만 세상의 기준보다 나의 기준이 중요해지는 시점에
선 필요한 과정이 될 거라 생각해요. 그런 의미에서 이 공간이 '투표적 소
비'라는 주제에 잘 맞네요.

향 투표적 소비라는 개념을 처음 들었는데 우리가 가졌던 초심과 딱 들
어맞아 놀랐어요. 브랜드 이름에 '수집'이라는 뜻을 담은 것도 단순한 소
비를 넘어 취향과 소신을 구매하는 행위를 지향하고자 했거든요.

Un Bon Collector

소비자가 아닌 운영자의 입장에서 보면 구성이 대담하게 느껴져요. 사입하기에는 선뜻 힘든 결정이었을 것 같아요.

향 처음에는 모르니까 쉽게 선택했어요. 이제는 어떤 제품이 소구력 있고 잘 팔리는지 아니까 한 번 더 망설이게 되는 건 사실이에요.

SNS 혹은 포털 사이트 검색창에 앙봉을 검색하면 휴대폰 케이스가 가장 많이 뜬다. 나도 하나 쓰고 있다. 연한 라일락색 바탕에 민트색 하트가 그려진 것이다. 옷이나 가구, 혹은 다른 그 무엇도 라일락이나 민트색을 고른 적이 없었다. 게다가 하트 그래픽은 더욱 고민하게 된다. 그러나 휴대폰 케이스라면 얼마든지 가능하다. '나 이런 취향도 갖고 있어'라고 보여줄 수 있는 가벼운 선택이다.

점점 대중의 코드를 파악하게 되겠어요. 기본적인 취향이 비주류에 가까운데 취향과 대중 사이에서 균형을 유지하는 게 쉽지만은 않을 것 같아요.

향 숍을 오픈한 지 2~3년 차 되었을 때 사람들이 좋아하는 것을 중점적으로 다뤄야 할지 고민했어요. 누구나 좋아할 법한 것은 그만큼 쉽게 열광하고 피드백이 확실하게 보여요. 하지만 우리는 시작할 때 갖고 있던 모체를 버리기 싫었어요. 그래서 피으라는 브랜드가 파생되었죠. 피으는 앙봉의 굿즈 브랜드예요. 처음부터 자체 굿즈를 만들 생각은 못 했는데, 운영을 하다 보니 손님들이 부담 없이 구매할 수 있는 제품이 있으면 좋겠다고 생각했어요. 뻔하지 않게 만들어 보려 했고 반응이 좋아서 다행이었죠. 군이 구분하자면 피으가 좀 더 대중적인 코드인데 각자의 색깔을 유지하면서 키워 가려고 합니다. 앙봉은 피으 덕분에 더 강한 정체성을 가질 수 있게 돼요. 마음껏 비주류일 수 있는 거죠. 또, 이곳은 갤러리가 아니기 때문에 그동안 해외 작품을 소개하는 게 어려웠고, 아트 프

린트나 작업물의 비중이 낮았는데 이제는 국내 작가들도 많이 알게 돼서 합리적인 선에서 편하게 즐길 수 있는 작품 같은 제품을 다루려고 해요.

대중 예술을 표방하는 것 같아요.

황 그럴 수 있겠네요. 그리고 그게 경쟁력이 있는 것 같아요. 대중이 포인트가 아니고 마이너 색깔이 강해질수록 알아봐 주고 찾아 주는 사람들이 많아질 거라는 확신이 있어요. 좋은 상품을 소개하는 곳이 요즘 들어 더욱 늘었잖아요. 취향의 수준, 트렌드 모두 하루가 다르게 바뀌어요. 나만, 우리만 아는 건 아무것도 없어요. 그렇기 때문에 남의 걸 쫓지 않고 우리가 할 수 있는 걸 살리는 게 오래 버티는 길이에요.

피으가 불어로 '여자'라는 뜻이죠? 간단하지만 어감이 강한 이름이에요.

교 처음에는 '착한 소녀'라는 뜻의 '윈느 본느 피으Une Bonne Fille'로 시작했는데 어렵다는 반응이 많아서 리뉴얼하며 '피으'로 축약했어요. 브랜드 타깃이 20~30대 여성이라는 이유로 지었는데 이제는 젠더 이슈 같은 주제를 다루고 있어요. 벽에 걸린 분홍색 아트 포스터도 피으 제품이에요.

온라인으로만 접할 뿐이지만, 파리의 인테리어 이미지를 보면 다양한 스타일의 물건을 믹스 매치 한다는 느낌을 받습니다. 피으 스타일을 프렌치 키치라고 소개하고 있는데 프렌치 감성이라는 게 뭘까요?

황 정확히 규정하기 어려워요. 프랑스, 특히 파리는 굉장히 다양한 취향이 공존하는 곳이에요. 아기자기한 것, 빈티지, 세련된 것도 모두 좋아해

요. 인테리어만 봐도 앤티크와 모던, 강한 컬러감과 패턴들이 뒤섞여 있어요. 북유럽이나 미국의 잘 꾸민 집을 보면 세련됐다는 생각이 드는데 프렌치는 오히려 촌스럽다고 느껴질 수 있어요.

복합적이고 어려운데 언제부턴가 한국에 프렌치 붐이 일고 있어요. 파리지앵 이미지의 영향 때문이 아닌가 싶어요. 실제 프렌치와는 다른 면이 있겠죠?

향 일단 유행 그 자체인 것 같아요. 대중적이면서도 특별한 걸 찾다 보니 프렌치 혹은 북유럽에 눈을 돌리게 된 것 같고 그중에서도 패션의 영향이 크겠죠. 교육도 있고요. 프랑스 아이처럼 키우기가 한동안 붐이었잖아요. 겉으로는 편하고 자연스러워 보이지만 프랑스 사람들은 치열하게 관리해요. 부스스한 머리카락이나 해진 옷차림 모두 완벽하게 세팅한 결과예요. 그들의 취향이고 그저 미의 기준이 다르다고 보면 됩니다. 단지 억지스럽지 않고, 본인에게 어울리는 걸 찾는 능력이 있어요. 환경이 다른데다 축적된 내공이 있겠죠.

프렌치가 꾸준히 대세다. 프랑스는 에펠 탑과 크레이프밖에 모르는 나도 파리지앵의 이미지를 대충이나마 그릴 수 있다. 얇고 구불구불한 중간 길이의 갈색 머리를 한, 마르고 골격이 드러나는 여자가 작은 패턴의 빨간 원피스 차림으로 노천카페 또는 가정집 발코니에 앉아 있는 모습. 너무 뻔한가? 클리셰라고 비웃을지 몰라도 손바닥 위 화면이 지속적으로 나에게 주입하는 이미지는 그런 것이었고, 트렌치코트나 미디엄 길이의 스커트를 장만하면 나도 파리지앵의 기분을 낼 수 있을 것만 같았다. 마케팅에 넘어갔다는 걸 후에 깨달았지만 그래도 프렌치 감성이 지닌 힘은 강하다. 해 질 무렵 반짝거리는 에펠 탑, 오손도손 모여 앉아 와인을 홀짝이는 센강의 풍경은 누구에게나 낭만 가득한 장면이니까.

Un Bon Collector

그런데 왜 프랑스를 유학지로 골랐나요?

황 당시에 지인들이 프랑스에 살고 있기도 했고, 그냥 파리에 꽂혔나 봐요. 저는 순수미술, 동생은 시각디자인과 아트 디렉션을 전공했어요. 6년을 같이 있었네요. 언어도 힘들었지만 유럽 친구들이 워낙 이론에 강해서 게임이 안 됐어요. 특히 프랑스는 어릴 때부터 철학적으로 사고하고 자기 생각을 표현하는 걸 교육받아요. 개념이 중요한 나라죠. 여러모로 적응하느라 처음엔 불만이 많았어요. 그런데 막상 돌아오니 좋았던 점들이 기억에 남더라고요. 프랑스에는 불편한 점이 많은데, 그걸 감수하면서도 소중한 것들을 유지하고 대의를 지키려는 점이 아직도 인상 깊어요. 문화가 매우 성숙하다고 느꼈어요. 속도에 민감하지 않고요. 실제로 파리에 살면서 삶이나 일상생활에서 빠른 속도의 필요성을 느끼지 못했어요. 인터넷이라든가 공공 기관 서비스 같은 것을 포함해서요.

6년이면 20대의 대부분을 보낸 셈인데 많은 영향을 받았겠어요.
교 전에는 소리를 내는 사람이 아니었어요. 제 생각을 표현하지 않고 살았던 거죠. 프랑스 사람들은 문제가 있다고 생각하면 이의를 제기해 바로잡으려 하고, 동시에 타인의 다른 의견도 존중해요. 다양성이 인정받고 자기 소리를 낼 수 있다는 점이 임팩트가 컸어요.

한국으로 돌아와서는 변화한 모습으로 행동하게 되었나요?
교 내성적이라 그렇진 않았지만 보이는 게 많아졌어요. 자각하게 된 거죠. 한국에서는 문제가 발생하면 아예 없애 버리는 등 쉬운 방법을 선택하잖아요. 건물도 부분적으로 고치는 것보다 모두 헐고 새로 짓는 게 더 수월하고 비용도 적게 든다고 들었어요. 프랑스에서는 남길 것은 남기려고 하거든요. 돌아와서 한국에 대한 불만이 커졌죠.
황 개인적으로는 브랜드를 시작할 수 있게 된 것이 큰 변화예요. 바쁘게 흘러가는 한국에 계속 있었더라면 내 일을 하겠다는 용기를 내지 못했을지도 몰라요. 물론 그때는 한국 실정을 잘 몰라서 쉽게 생각했던 거죠. 그렇게라도 시작하게 돼서 결과적으로는 좋습니다. 막상 넓은 물로 나가보니 전업 작가로 평생 먹고살 수 없겠다는 확신이 들더라고요. 작업이야 너무 좋지만 삶은 별개의 일이니까요. 한국에 돌아오면 뭘 할 수 있을지 고민했고 앙봉에 대한 생각이 뚜렷해지면서 취직을 준비하던 동생에게 같이 해보자고 설득했어요.

둘이 함께여서 의지되고 좋았겠어요. 성격도 비슷해 보여요.

황 실제로 많이 비슷해요. 취향은 당연히 겹치고요. 차분하고 낯도 가리
고 느린 편이에요. 둘 다 느려서 앙봉도 천천히 흐르는 것 같아요. 마치
시간만큼은 여전히 파리에 맞춰져 있는 느낌이에요. 다른 점이 있다면
제가 잔가지를 뻗으면 동생이 정리하는 쪽이에요. 그래서 운영은 제가,
디자인 등 실무는 주로 동생이 맡아서 하고 있어요.

자매는 외양, 표정, 말투와 제스처 모두 비슷해서 마치 서로가 서로의 그림자 같았다. 둘
다 위아래로 검은색 옷을 맞춰 입어서 더욱 세트처럼 보였다. 인터뷰 내내 대화를 나누는
것밖에는 우리가 만난 목적의 바운더리를 넘어가는 행동이 없었다. 강현교가 스피커 볼
륨을 줄이기 위해 한 번 자리에서 일어난 것 빼고는. 나와 닮은 사람이 있다니 얼마나 좋
을까. 무조건적인 동업자, 크나큰 복이다. 게다가 성격도 취향도 비슷한, 도망갈 리 없는
사람이라니.

숍이 제가 좋아하는 골목으로 이전했어요. 전보다 공간이 많이 넓어졌죠?

황 이전 누상동 숍은 크기도 작고 외진 곳에 있었어요. 여기는 사진, 전시
작업을 하며 재질에 대한 숍을 운영하는 스튜디오 텍스처온텍스처가 쓰
던 곳인데 자리가 나왔다는 말을 듣자마자 달려왔죠. 그래서 재오픈 후
가장 먼저 했던 전시가 텍스처온텍스처의 정유진(정멜멜) 실장님 사진
전이었어요. 그 뒤로 건축이나 순수미술 전시도 했고, 지금은 분재 팝업
을 하는 중이고요. 넓어지기도 했지만 분리된 공간이 있어서 다양한 이
벤트를 할 수 있는 게 장점이에요. 재미있는 일들을 하고 싶다는 욕구가
계속 있었거든요.

Un Bon Collector

분재 팝업이라니 새로워요.

교 오이타Oita라는 분재 브랜드인데, 매장에서 간편하게 가져갈 수 있고 집에서도 쉽게 키울 수 있는 품목으로 구성했어요. 처음에는 앙봉이라고 하니 아기자기하고 색감이 있는 화기들 위주로 준비해 주었어요. 이왕이면 오이타의 정체성도 보여 줬으면 좋겠다고 요청했고, 기존의 스타일도 함께 연출해 주었는데 의외로 이 공간과 잘 어울리는 거예요. 오이타에서 식물 관련 행사는 진행한 적 있지만 리빙 제품과 함께 실제 집에서 활용되는 모습을 연출하는 건 처음 시도하는 거라고 했어요. 일반적인 식물 가게에서는 보기 힘든 아이템들이고, 분재나 낯선 식물들도 손쉽게 키울 수 있다는 걸 사람들에게 보여 주고 싶었습니다. 우리가 다루지 않았던 품목을 꼭 해 보고 싶었는데 독보적인 스타일로 유행과 무관하게 자기만의 작업을 하는 오이타와 잘 맞았어요.

전시나 워크숍 대상은 어떻게 고르나요?

교 뚜렷한 기준은 없습니다. 굳이 말하자면 우리와 결이 맞는 사람들인데, 지금까지 했던 이벤트의 색깔이 다 달라요. 다음에는 고양이와 관련된 제품 브랜드의 팝업이 계획되어 있어요. 평소에 취급하지는 않지만 좋아하는 것들이라고 하면 되겠네요.

관심사가 다양하고 무궁무진하네요.

향 하고 싶은 게 정말 많아요. 아라홈그라운드와 비건 식생활에 대한 토크를 진행한 적이 있어요. 아라 님이 만들어 준 음식도 나눠 먹긴 했는데, 사실은 쿠킹 클래스를 진행하고 싶었거든요. 하지만 이곳에는 시설이 없으니 할 수가 없죠. 저녁에 공간을 바꿔서 바나 카페를 해 보고 싶고, 간단하게는 무비 나이트도 해 보고 싶어요. 그리고 이건 아이디어일

뿐인데, 파리에서는 여름에 '파리 플라쥬'라고 센강 변에 모래를 깔고 파라솔을 비치해두는 이벤트가 있어요. 휴가를 미처 가지 못한 사람들을 위해 인공 해변을 만들어 주는 거예요. 너무 귀엽죠? 우리 공간에서도 그런 걸 해 보고 싶지만 현실적으로 쉽지 않죠. 막연하게 재미있는 아이디어는 많아요. 지금도 앙봉의 정체성에 대해 모호해하는 사람들이 많고, 취지야 어떻든 편집 숍의 모습을 하고 있는데 우리가 하고 싶은 것들이나 하고 있는 것들과는 거리가 있는 것 같다는 고민도 있어요.

젠틀몬스터가 떠오르는데요. 선글라스 브랜드인데 전시나 공간 연출을 통해 브랜드의 감각과 취향을 마음껏 보여 주잖아요. 생뚱맞고 생소할 수도 있지만 그것 또한 브랜딩의 일환이 된 것 같아요. 앙봉이 어떤 걸 하든지 앙봉의 취향을 보여 줄 수 있는 것처럼요. 고민이 많다고 하지만, 보기보다 복잡하지 않은 것 같아요. 좋아하고 즐기는 것이 느껴져요.
향 즐기지 않으면 할 수 없으니까요. 정말 좋아해야 돼요. 취향을 공유할 때 큰 기쁨을 느껴요. 특히 한국에 소개되지 않은 브랜드를 선보였을 때 반응이 좋으면 힘이 나고 이 일을 계속하고 싶다는 욕심이 새삼 샘솟죠. 가슴 그래픽이 그려진 러그의 경우 지금은 반응이 좋지만 처음 입고했을 당시엔 인지도가 전혀 없었어요. 일부 부끄럽다는 반응도 있었고요. 그런데 꾸준히 하니 결국 눈에 익고, 익숙해지니까 편하게 생각하게 되는 것 같아요. 꾸준히 하는 게 우리의 방법이에요.

사실 삶의 속도가 빠른 서울에서 소신을 지키는 게 생각보다 어려운 일이에요.
교 긴장감을 느낄 때가 있어요. 다양한 취향을 가진 브랜드들이 예전보다 훨씬 많아졌고 규모가 커지는 속도도 빠르죠. 우리도 저렇게 해야 되

The shape of things - saki 2018
#20_leftover_pieces_of_fruit_collage
saki
all rights reserved by sa

나, 저렇게 해야 오래 할 수 있나 고민하다가도 막상 좋아하는 걸 하려면 규모가 너무 커져도 안 되는 거예요. 브랜드의 덩치를 키운다는 건 더 많은 이들을 만족시켜야 한다는 것이고, 그러려면 대중의 취향과 유행을 쫓을 수밖에 없게 되거든요. 그렇다고 너무 작기만 하면 유지가 어렵고요. 그 사이에서 어떻게 파도를 타야 하나 생각해요. 게다가 둘 다 성격이 활달하지 않잖아요. 다시 말하자면 요즘의 산업과는 조금 맞지 않는다고 할까요. 하지만 억지로 할 수는 없어요. 어렵지만 우리의 방식으로 우리의 길을 가야 해요.

그들은 자신의 생각을 소리 내어 말하는 편이 아니라고 했지만 삶 자체로 사회 이슈에 대해 말하고 행동한다. 대화 너머 보이는 프렌치 키치 포스터에는 'Woman'이라는 텍스트가 금박으로 프린트되어 있고, 형형색색의 키 링에는 'Various Genders'나 'Human Right' 등의 문구가 각인되어 있었다. 프랑스에서 배운 것은 그림을 그리거나 디자인하는 방법이 아니라 자기를 표현하는 것, 자기가 무엇을 좋아하는지 알게 되는 것, 그리고 자기의 삶을 찾고 일구는 것이었다.

인터뷰가 끝나고 바로 돌아설 리 없는 나는 자연스럽게 옷가지가 걸린 행거를 뒤적였고, 예쁜 색감의 단어가 인쇄된 크롭 티셔츠를 한 장 샀다. 그러니까 나는 여전히 용도가 불분명한 인테리어 소품보다는 확실하게 나를 드러내는 패션 아이템부터 사고 보는 보통의 소비자다. 핑계처럼 들릴 수 있지만 내 공간을 취향대로 채울 수 있는 날이 오기를 기다린다. 아이도 더 크고, 내 집도 마련하는 날이 오면 그때는 지금보다 더 신중하고 오래 남을 수 있는 소비를 할 것이고 앙봉꼴렉터를 찾을 것이다. 앙봉의 시간은 느리게 흐르고 그날에도 여전히 가슴이 그려진 러그와 덴마크 유령들을 팔고 있을 테니까.

BRAND INFO

HOMEPAGE: unboncollector.com
INSTAGRAM: @unboncollector / @fille.forever

Un Bon Collector

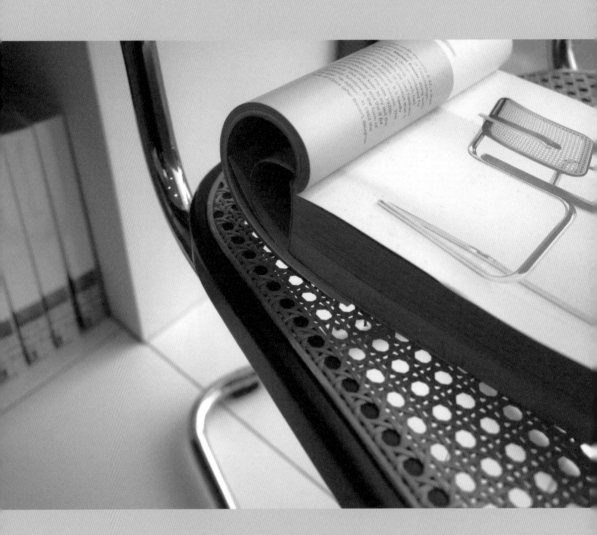

원오디너리맨션
One Ordinary Mansion

대표 이아영 + 디렉터 김성민

About

빈티지 가구 브랜드 원오디너리맨션One Ordinary Mansion
은 국내에서 인기가 많은 북유럽 가구를 비롯해 이탈
리아, 독일, 프랑스의 작품도 적극적으로 소개하고
있다. 다채로운 제품군을 구축했을 뿐 아니라 수준
높은 수집과 복원 및 품질 관리를 자랑한다. 수시로
바뀌는 가구 연출을 위해 잦은 쇼룸 공사도 마다하지
않는 완벽함을 추구한다. 신중하고 꼼꼼한 고객 응대
를 위해 예약제로 운영한다.

평일 오전의 판교. 만나기로 한 시간에 인터뷰이가 아직 도착하지 않았다. 병원 진료가 예상보다 늦어진다는, 미안함이 잔뜩 서린 연락을 받고 촬영을 먼저 하기로 했다. 덕분에 구애받지 않고 가구와 마음껏 대면할 수 있는 시간이 주어졌다. 노출 콘크리트 벽이 자연스럽게 배경에 스며드는 지상의 쇼룸에는 붉으면서 노랗고, 밝으면서 진하기도 한 여러 가지 나무 색상의 가구들이 얼기설기 각을 맞추어 디스플레이 되어 있었다. 넓고 높은 유리창으로 들어온 차가운 겨울의 햇빛이 서서히 궤도를 그렸고 부드럽게 각진 가구들은 그 속에서 안전하고 따뜻하게 숨을 죽였다. 곧고 우아하게 뻗은 다리, 오목하고 부드럽게 파인 손잡이, 다양하게 빛을 반사하는 매끈한 나무의 표면을 카메라에 담았다. 아무리 찍고 또 찍어도 그 아름다움이 온전히 담기지 않았다. 직접 쓰다듬어 보고, 앉아 보고, 이쪽에서 봤다가 저쪽에서도 관찰하고, 옆으로 스르릉 소리를 내며 열리는 문도 밀어 봐야 나보다 나이가 족히 두 배는 많을 것 같은 이 가구들을 조금 알게 될 것 같았다.

"지하에도 있어요"라며 달콤한 끝맛의 드립 커피를 내려 준 직원이 친절하게 안내했다. 밖으로 나와 건물 옆에 난 계단을 따라 내려갔다. 흡사 바닷속에서 몇 십 년 동안 자취를 감췄던 보물 상자를 풀어 헤쳐 놓은 듯한 광경이 눈에 들어왔다. 혁신의 꽃이 피던 과거에 살았다면 이랬을까. 아니, 오히려 미래의 모습에 가깝다는 생각이 들었다. 그런데 바로 지금 눈앞에 있다. 책에서, 인터넷에서 사진으로만 접했던 사물들이 현재 진행형의 모습으로 당연한 듯이 살아남아 있다는 사실이 설레었고, 소름이 돋았다.

진료를 마치고 헐레벌떡 도착한 이아영, 김성민 부부와 인사를 나누면서도 정신이 온통 가구에 팔려 있었다. 아쉽지 않을 정도로 촬영을 마치고 나서야 핀란드 빈티지 잔에 담긴 커피를 사이에 두고 데니시Danish 식탁에 마주 앉았다. 이런 호사라니. 여러모로 비현실적이다.

One Ordinary Mansion

영문과 출신으로 알고 있습니다. 어떻게 빈티지 제품 유통을 시작하게
되었나요?

이아영(이하 영) 영어를 전공했고, 졸업하고 나서 학생들을 가르치며 번역 일
을 했어요. 번역 대학원을 준비하던 중, 첫째 오빠가 공부보다 사업을 해
보는 게 어떠냐고 조언했는데 솔깃했어요. 빈티지야 워낙 좋아하고, 제
가 운영하던 블로그나 살던 집을 살펴봐도 공간에 대한 관심이 다분했
거든요. 20대 초반부터 남편과 캐나다에서 유학 생활을 했는데 그때부
터 이미 빈티지 가구 쇼핑이 시작된 거죠.

20대 초반이요? 두 분이 연애를 오래 했나 봐요. 과 CC인가요?

김성민(이하 민) 스무 살 때 만났어요. 저는 공대생이에요. 전기.

그런데 캐나다 빈티지는 처음 들어 봐요.

영 많지 않지만 있어요. 외국에서는 빈티지를 바라보는 개념이 한국과 달
라서 중고 시장이 아주 활발하게 형성돼 있어요. 세컨드 핸드 숍Second-
hand shop이라고 하는데 카메라부터 속옷까지 없는 게 없죠. 비싸고 유명
한 빈티지가 아니라 자연스럽게 물건의 수명이 다할 때까지 공유하며 사
용하는 습관이 마음에 들었어요.

나는 이미 스웨덴에서 2년 동안 생활하며 친구들이 세컨드 핸드 숍을 어떻게 활용하는
지, 그들에게 물건을 공유하는 행위가 얼마나 당연한 것이고 그 시장이 얼마나 큰지 똑똑
히 확인한 바가 있다. 중고 제품만 유통하는 대기업이 도시 이곳저곳에 체인점을 열었고,
유명한 로컬 브랜드의 중고 숍이 자연스럽게 번화가의 한구석을 차지했다. 빈티지 가구
를 유통하는 건 같은 맥락에서 의미 있는 일일 테다. 하지만 크고 무겁고 비싸고 아름다운
가구를 배에 싣고 온다고? 짧은 생각으로도 꽤 가슴 떨리고 무서운 일이었다.

One Ordinary Mansion

영 리스크가 크죠. 기성품은 대부분 쇼룸에 샘플을 갖다 놓고 손님이 구매하면 제작에 들어가요. 하지만 빈티지는 판매되지 않으면 100% 재고가 됩니다. 가구가 팔리면 빈 자리를 채울 물건을 또 찾아야 하고요.

바잉이 정말 중요하겠어요. 주로 유럽에 가는 것으로 알고 있어요.
영 덴마크가 유럽 가구의 전신이긴 하지만 그만큼 가격대가 높아 주변 국가에서 구매할 때가 많아요. 스웨덴이나 핀란드로 가기도 하지만 바우하우스 스타일도 좋아하기 때문에 독일도 자주 가죠. 벨기에도 좋고요. 생각지 못하는 다양한 곳을 누벼요. 다음 행선지는 노르웨이, 이탈리아, 프랑스가 될 거예요. 나라별로 빈티지 성향이 달라서 구경하는 재미가 있어요. 구매 경로는 다양해요. 전문 딜러를 통해 사기도 하고, 경매에 참여하거나 실사용자에게 직접 사는 경우도 있어요. 예를 들면, 네덜란드의 한 대학에서 오랫동안 사용하던 프리소 크라머Friso Kramer의 의자를 마켓에 내놓아서 대량으로 구매한 적이 있어요.

빈티지라면 제품 상태를 확인해야 할 텐데, 무조건 직접 보고 사나요?
영 대체로 그렇게 하지만 꼭 찾는 물건은 현지 측에 사진을 부탁하기도 해요. 고객이 찾거나 저희의 성향을 잘 보여 줄 수 있는 품목이거나 희소성이 높은 것들은 종종 그렇게 구매합니다.

가구들이 도착하면 오버올 테스트Overall test라는 걸 하던데요.
민 전체적으로 상태를 확인하고 관리하는 단계예요. 직접 사용해 보기도 하고, 구조적으로 결함이 있거나 소리가 나는 부분들을 바로잡아요. 식탁 같은 경우는 위생이 중요하기 때문에 샌딩부터 마감까지 새로 할 때도 있어요.

영 기본적으로 60~70년 된 가구들이거든요. 보기에는 멀쩡해도 막상 받아 보면 그렇지 않은 경우가 있어요. 균형을 맞추고, 본체와 다리의 연결 부위도 꼼꼼하게 확인해야 해요. 오일은 거의 부족한 상태로 와요. 핸드 오일로 직접 마감해도 되지만 내구성이 떨어지기 때문에 전문가에게 맡기죠. 다음 세대로 거뜬히 물려줄 수 있는 컨디션으로 만들어요.

빈티지 가구 복원을 전문으로 하는 분들이 있나요?
영 사실 영업 비밀이지만, 오래전에 이태원에서 가구를 다뤘고 지금은 복원 일을 하고 있는 분들이 있어요. 창작자는 하기 힘든, 완전히 다른 영역의 일이에요.

영문과와 전기공학과. 단순하게 보면 감성과 이성의 만남인데 가구에 있어서는 어떨까. 아니나 다를까 이아영은 미감, 김성민은 기능 위주로 가구를 골라 왔다고 했다. 그러다 어느 순간 취향이 비슷해짐을 느꼈다. 수집과 사업은 다르니까.

영 가구가 상품으로 소비되고 실질적으로 사용되어야 하는 상황에 놓이다 보니 남편의 말에 귀를 기울이게 되었어요. 보기엔 좋아도 가정집에 놓으면 굉장히 불안정하다거나, TV를 위에 달면 너무 높아진다거나 하는, 생각지 못했던 점들을 콕콕 짚어 주었거든요. 가구를 고르는 기준은 크게 실용적인 것과 컬렉터블한 것으로 나뉘는데, 실용적인 가구의 경우 자연스럽게 제 입장에서 바라보게 됩니다. 30대 중반의 기혼 여성이 한국 평균 가정의 구조와 크기에 맞는 걸 고르는 거죠.

그런 기준에 부합하는 가구는 주로 어디 것인가요?

영 한국의 아파트는 대부분 층고가 낮고 벽은 화이트, 바닥은 마룻바닥이에요. 이런 환경에서 안전하게 연출하기에는 북유럽 가구가 맞아요. 집수리를 하면서 마이너스 몰딩을 하거나 바닥을 대리석 같은 색다른 재질로 간다면 서유럽 가구도 잘 어울릴 거예요.

빈티지 가구를 한 번도 접해 보지 못한 사람들이 많아요. 어떻게 고르는 게 좋을까요? 무엇을 봐야 하죠?

영 전문적이지 않아도 돼요. 일단 본인의 취향을 조금이라도 파악하면 훨씬 수월해요. 예를 들면 손잡이가 음각인 것이 좋다거나, 색감이 강한 게 좋다거나, 클래식 스타일이 좋다거나. 빈티지 가구는 잘못 사면 두고두고 애물단지가 되기 쉬워서 신중하게 결정해야 합니다. 가끔 쇼룸의 분위기에 취해 한꺼번에 많이 구매하려는 손님이 있어요. 저희는 그런 구매를 제재하는 편이에요. 정말 마음에 드는 걸 하나 가져가서 연출해 보고 차근차근 하나씩 늘려 가는 걸 권해요. 빈티지는 빠지면 출구가 없어요. 경험하면 또 다른 게 보이기 시작하고, 보는 눈이 올라가면서 기존에 갖고 있는 아이템과 잘 어울리는 걸 찾는 힘도 길러져요.

수집의 묘미는 그런 거죠. 하나하나 쌓는 재미. 쇼룸에 보이는 목재의 색감과 결이 모두 달라 보여요. 가정집에 이렇게 다른 텍스처가 섞여도 괜찮을까요?

영 같은 텍스처로만 연출하면 오히려 빈티지 느낌이 사라져요. 같은 수종이라 할지라도 벌목 시기, 강수량 등에 따라 나무의 결이 다릅니다. 같은 가구여도 이전 주인이 어떤 환경에서 주로 사용했는지에 따라 색이 변할 수 있죠. 세월과 함께 변한 여러 가지 톤의 차이가 있는 게 자연스러워 보여요.

세월이 깃든 가구의 온도를 이야기하는 이아영의 조언 끝에 김성민이 더했다. 직사광선은 나무에게 그리 좋지 않으며 햇빛을 많이 받을수록 오일링을 더 자주 해야 한다고. 잘 차린 비빔밥 위에 두르는 참기름 같은 말이었다.

6년 전 결혼할 당시, 빈티지 가구를 써 보고 싶어서 이태원에 갔다. 의자들이 마구 쌓여 있어 부담 없이 가격을 물었다가 벌어진 입을 다물지 못했고, 그 사이에서 18만 원 정도 하는, 이름 없는 나무 의자를 하나 골라 택시에 싣고 왔다. 아직도 누가 디자인했는지, 누가 만들었는지 알 수 없지만 여기저기 흠집이 있는 편안한 모습으로 나의 결혼 생활을 함께 해 왔다. 등을 감싸는 팔걸이와 부드러운 좌석이 안락한 이 의자는 임신 기간에, 그리고 아기가 태어난 후에도 수유할 때 팔을 걸치기 좋다는 이유로 주방에서 안방을 오가며 내 독차지가 되었다. 그 뒤로 한참 후, 주변 또래들이 혼수품으로 빈티지 가구를 하나씩 사는 모습을 발견했다. '나는 왜 혼수로 빈티지 가구를 채우지 못했지'라고 생각해 보면 가구에 대한 지식이 너무 낮았거나 가구 시장 자체가 너무 작아서였던 것 같다.

원오디너리맨션이 오픈한 지 3년이 넘었다. 취급하는 가구에 비하면 한없이 짧은 시간이지만 그사이 많은 것이 변했다.

One Ordinary Mansion

영 우리도 고객으로 시작한 셈인데 이전의 빈티지 시장은 다소 폐쇄적이었죠. 원오디너리맨션에는 일반 가정집에서 쉽게 연출할 수 있는 아이템이 많아 비기너Beginner 손님들이 많이 찾습니다. 국내 빈티지 시장에서 저희가 2.5~3세대라고 할 수 있는데, 인스타그램 같은 플랫폼을 통해 이 산업을 수면 위로 드러내기 시작한 게 저희라고 생각해요. 그렇다고 해서 SNS를 통해 상담하진 않아요. 예약하고 직접 방문해서 보고 선택하는 게 좋다고 생각하기 때문이에요. '어느 평범한 집'이라는 뜻의, 편한 마음으로 찾아 주셨으면 하는 브랜드 이름의 취지와는 조금 멀어진 것 같기도 하지만요.

아무 때나 들러 볼 수는 없지만, 예전의 빈티지 시장에 비해 편하고 친밀해진 것에 대해서는 원오디너리맨션이라는 이름의 뜻이 맞는 것 같아요.

민 방문 자체가 그리 어려운 건 아니에요. 간단하게 예약하고 방문하면 되거든요. 예약한 한 시간 동안 다른 손님을 받지 않기 때문에 편하게 둘러보고 고민할 수 있어요.

영 예약제 시스템을 불편하게 느낄 수도 있다고 생각해요. 문을 항시 열어 두면 유입도 많고 판매도 많이 되겠죠. 하지만 한 점밖에 없는 가구를 두고 손님들끼리 경쟁하는 상황이 생기기도 해요. 그 심리 때문에 급하게 결정하게 되는데 그건 좋지 않은 구매라고 생각하거든. 프라이빗하게 손님의 공간도 보고 대화를 나누면서 필요에 따라서는 선택에 개입해요. 사실 한 시간도 짧아요.

손님들이 자신의 공간을 미리 사진으로 찍어 오나 봐요.

영 집 사진을 보기도 하지만 옷차림이나 대화하며 드러나는 성격을 보면 가구를 고르는 성향과 맞아떨어져요.

원오디너리맨션을 운영한 지 3년이 되었는데 그동안 손님에 대한 데이터베이스가 쌓였겠어요.

영 예약제라서 가능했어요. 한 해, 한 해 지날수록 소비자들이 변하는 것을 느껴요. 초반에는 50~60대 어머니 세대 손님들이 많이 방문했어요. 자녀가 독립하고 새로운 생활을 시작하면서 집을 재정비하는 거죠. 그런데 갈수록 연령층이 낮아지고 제 또래들이 종종 신혼 가구로 찾아요. 처음 집을 갖고 연출해 보는 손님들이기 때문에 응대 방식에도 변화가 있었어요. 아무래도 운영하는 사람에 따라 고객층이 형성되겠죠. 50대 남성이 컬렉팅 한다면 원오디너리맨션의 느낌과는 다를 거예요.

One Ordinary Mansion   **079**

이제는 운영자의 취향이 브랜딩 자체라고 봐도 무방한 것 같아요. 취향을 공유하고 그걸 통해 영향력을 행사할 수 있다는 건 매력적이에요. 그 외에 또 소비자들의 달라진 점은 뭐가 있을까요?

영 더 정확한 정보를 알고 방문하기 시작했어요. 예를 들면, 루이스 폴센 Louis Poulsen 조명을 많이 찾는데 루이스 폴센은 제작사 이름이에요. 디자이너는 폴 헤닝센Poul Henningsen이고요. 지금은 폴 헤닝센 조명을 찾으세요. 그리고 비기너였던 손님들이 점차 컬렉터로 변하는 모습을 봅니다. 빈티지 가구를 갖고 계신 분들이 재방문할 땐 보는 지점이 달라져 있고 이전보다 더 컬렉터블한 아이템을 찾기도 해요. 손님들의 변화를 지켜보는 재미가 있어요.

액정 화면을 가득 채운 정사각형 이미지들은 사람들의 취향이 얼마나 섬세해지고 달라졌는지 보여 주었다. 그들의 인테리어 사진을 보며 부러워하기도, 괜히 뿌듯해하기도 했다. 하지만 사진을 보며 어느 순간부터 불편함이 느껴졌다. 집집마다 비슷해도 너무 비슷한 구성과 실제 생활하는 모습이 상상되지 않을 정도로 말끔하게 연출된 장면들이 반복되면서다. 이아영은 인스타그램의 폭력성이라는 표현을 썼다. 넘쳐나는 이미지의 영향을 받아 그대로 따라 하고 싶어 하는 소비자들이 늘었다는 것이다. 마치 세뇌 교육처럼 취향에 중독되기도 한다고.

영 2년 전이었나, 덴마크 브랜드인 프리츠 한센Fritz Hansen의 시리즈 세븐 체어Series 7 chair 판매량 세계 1위가 한국이더라고요. 그렇다고 한국 사람이 모두 세븐 체어를 갖고 있는 것도 아닌데 손님들은 의자를 사용해 보기도 전에 질린다는 반응을 보였어요. 예전에는 가구 디자이너나 빈티지 가구를 처음 접하는 사람들이 많아서 방법을 잘 몰랐다면, 지금은 조금 더 특별한 자기만의 집을 만들고 싶어 하는 사람들이 생겼어요. 컬

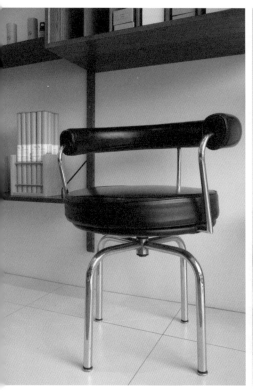

렉터의 마인드를 갖기 시작한 거죠. 자기 노출을 점차 많이 하게 된 시대적 모습과도 관련이 있다고 생각해요. 고맙다고 해야 할지, 인스타그램이 이 사업을 가능하게 해 준 거예요.

누구나 처음이 있는 법이죠. 이아영의 첫 빈티지 가구는 무엇이었나요?
영 모스키토 체어Mosquito chair입니다. 대부분 시작은 의자로 하죠. 빈티지 소품은 있었는데 디자이너 가구는 처음이었어요. 유학 중에 샀어요. 해외에 있어서 부피가 큰 것은 사기 어려웠고, 포개지는 의자 중 가장 미니멀하고 담백하면서도 선이 살아 있다고 느꼈어요. 특정 학교를 위해

만든 거라 수량이 적어 희소성도 있었고요. 시초가 학생들을 위한 것이었기 때문에 세븐 체어보다 사이즈가 작아요.

그동안 SNS에 업로드한 글을 읽어 봤는데 퍼스트 에디션First Edition에 큰 가치를 두는 것 같아요.

영 디자이너의 아이덴티티와 철학을 있는 그대로 보여 주는 게 퍼스트 에디션이라고 생각해요. 루이스 폴센에서 출시되는 판텔라Panthella 조명의 경우 퍼스트 에디션과 현재 생산품의 차이가 커요. 디자이너 베르너 팬톤Verner Panton은 유기적이고 오브제와 같은 디자인을 선호했는데, 처음에 디자인한 판텔라 조명은 스탠더드 버전보다 헤드가 30% 정도 더 크고, 꼭대기에는 동그란 볼트가 달려 있고, 베이스에 배꼽 스위치가 있었어요. 귀엽고 동글동글한 게 베르너 팬톤 느낌이 물씬 나요. 두 번째 에디션부터 배꼽 스위치가 없어졌는데 이유는 고장이 잘 나기 때문이죠. 스위치가 똑딱이로 바뀌고, 볼트가 없어졌다가 최근에 다시 달리기도 했고요. 색상 또한 퍼스트 에디션은 헤드가 화이트, 바디는 아이보리에 가까운 색이었어요. 지금은 전체적으로 비슷해졌죠. 국내 가정집은 규모가 작은 편이라 제작사 측에서 요령껏 사이즈를 줄이기도 해요. 아르네 야콥센Arne Jacobsen의 앤트 체어Ant chair 역시 퍼스트 에디션에서는 다리가 3개였고 색상은 티크, 로즈우드와 같은 천연 나무색과 블랙 정도만 쓰고 싶어 했어요. 디자이너의 디자인을 제대로 느껴보고 싶다면 퍼스트 에디션을 보는 게 좋다고 생각합니다.

그럼 퍼스트 에디션을 우선으로 바잉 하는 편이겠어요.

영 그렇죠. 퍼스트 에디션은 만나기 어렵고 가치도 높기 때문에 구매하는 편이에요. 지금 보유하고 있는 것들 중 퍼스트 에디션이 많은 편이고요.

One Ordinary Mansion   083

민 퍼스트 에디션이 디자인적 측면에선 좋지만 버전이 바뀌는 데는 이유가 있어요. 판텔라 조명 얘기를 더 하자면 헤드의 크기가 커서 연결 고리가 끊어지기 쉽고 배꼽 스위치는 고장 나면 고치기 어려운 구조로 되어 있어요. 본체를 다 뜯어야 하기 때문에 밖으로 꺼낸 거예요. 바잉 중에 퍼스트 에디션을 발견하면 만일 고장 났을 때 우리 선에서 고칠 수 있는 대체품이 있는지 고려해요. 모스키토 체어나 세븐 체어같이 플라이우드 Plywood, 즉 합판으로 만든 의자는 보기에 괜찮아도 등받이 부분이 약해지는 경우가 많아요. 게다가 합판을 휘어서 만들었기 때문에 한번 망가지면 고칠 수 없어요.

바잉 하면서 그런 부분을 빠르게 판단하는 능력이 필요하겠네요.
영 많이 보러 다니기 때문에 이제는 익숙해졌어요. 시행착오를 많이 겪었죠. 저희가 직접 쓰는 게 아니라 누군가가 소비하는 것이기 때문에 두 번, 세 번 꼼꼼하게 체크할 수밖에 없어요.

특별히 좋아하는 디자이너나 건축가가 있나요?
민 조금씩 바뀌어요. 예전에는 조 콜롬보Joe Colombo라는 이탈리아의 디자이너를 좋아했는데 가구를 직접 만지고 보다 보니 요즘에는 한스 베그너Hans Wegner라는 덴마크 디자이너에 푹 빠졌어요. 조 콜롬보와 한스 베그너는 정반대의 느낌이지만 기능적 측면에서는 닮아 있어요. 대표적인 데니시 디자인으로 큰 특징이 없어 무색무취라고 할 수도 있지만 실용적이고 튼튼해서 어느 공간에 두어도 자연스럽게 어우러져요. 그게 특징이라면 특징이겠죠. 조 콜롬보는 요절하는 바람에 활동했던 기간이 9~10년 정도로 아주 짧았어요. 그 사이에 한 작업을 보면 천재적이라는 말이 절로 나와요.

영 전 이제 콕 짚어서 누가 좋다고 말하기 힘든 지경에 이르렀어요. 디자이너마다 매력적인 포인트가 다르거든요. 그래도 한 명을 꼽자면 예전에 피터 흐빗Peter Hvidt이라는 덴마크 디자이너를 좋아했어요. 물론 지금도요. 우아하고 간결하며 선이 아름다워요. 제가 좋아하는 디테일이 이곳저곳 숨어 있고요. 사이드보드(보조 테이블이자 이전에는 식탁용 식기류를 넣어 두었던 서랍. 일종의 장식장)의 마무리가 다리라고 한다면, 그 다리가 담백하게 딱 떨어져요. 화려함의 평균치를 잘 만든다고나 할까요.

빈티지 물건이 아니라 지식을 판매하는 일인 것처럼 느껴져요. 공부가 많이 필요해 보여요.

민 구매하기 전에 공부를 많이 합니다. 처음에는 억지로 외우려고 해서 힘들었는데 이제는 일상이 되었네요. 원오디너리맨션 직원들 각자의 취향과 영역, 즉 주특기가 있는데 수시로 공유하면서 서로의 지식 세계를 넓히고 있어요.

영 소비자에게 올바른 정보를 전달하는 게 매우 중요해요. 외형적 취향을 넘어서 디자이너의 특징이나 가구의 생산 이력, 해당 디자인의 매력 등 여러 정보를 알아야 해요. 그래서 한 달에 한 번씩 직원들과 디자이너 한 명을 선정해서 스터디하고 있어요. 원오디너리맨션을 찾아 주는 고객에 대한 기본적인 예의라고 생각해요.

한 세기 가까이 살아남은 디자인의 이야기를 알고 구매하는 것과 단순히 외형이 마음에 들어 구매하는 것은 의미가 엄청나게 다를 것이다. 어떤 제품의 이야기를 발견하는 것은 제품 자체를 발견한 것에 버금가지 않을 정도로 기쁠 테고. 언노운Unknown 제품인 줄 알고 저렴하게 판매했다가 1~2년 뒤에 디자이너를 찾아내는 경우도 종종 있다고 한다. 그러면 구매 리스트를 찾아서 고객에게 발견한 정보를 공유한다.

원오디너리맨션의 서비스는 마음이었다. 조금은 간지러운 생각이지만 시대를 거스르고 세대를 이어 주는 사업에 있어서는 핵심이다. 다만 가장 중요하게 생각하는 서비스는 복원과 A/S라고 했다. 문득 내가 아무런 이질감 없이 한 시간 동안 앉아 있는 의자가 정말 오래되었다는 것을 깨달았다. 이 사실을 뒤늦게 깨달을 정도로 참 편안하고 자연스러웠다. 그렇게 될 수 있기까지 이 둘의 마음은 얼마나 닮았을까.

영 적어도 가구들이 태어나서 살아온 만큼의 기간 동안은 유지돼야 한다고 생각해요. 지난 3년 동안 가장 신경 쓴 부분이 복원이고 여전히 큰 숙제입니다. 가구에 문제가 생겼을 때 고칠 수 있는 사람을 찾기 위해 발품도 많이 팔았고요. 그런 노력 덕에 손님들의 충성도가 높아지는 것 같아요. 이 가구들의 내구성은 새로 생산되는 가구보다 오히려 강해요. 요즘 좋다고 하는 가구들은 통원목으로 만들죠. 하지만 빠른 생산을 위해 속성으로 건조하기 때문에 온습도에 민감하고 환경이 바뀌면 뒤틀리거나 갈라지기도 해요. 옛날에 사용한 목재는 바닷물에 빠뜨렸다가 건지기를 반복하면서 2~3여 년에 걸쳐 자연 건조 과정을 거쳤기 때문에 단련이 제대로 된 상태입니다. 그리고 심지가 되는 판을 3~5mm 정도 되는 원목판으로 감싸는 제작 방식 덕에 뒤틀림이 없어요. 베니어드Veneered 방식이라고 하는데, 한국에서는 나무를 감쌌다고 하면 무늬목을 떠올리기 때문에 인식이 좋지 않은 편이에요. 하지만 5mm는 결코 얇지 않아요. 국내 제작자에게 들은 바로는 기술이 없어서 통원목으로 만든다고 해요. 게다가 베니어드 방식은 손이 훨씬 더 많이 가는데, 현대의 산업 속도에는 맞지 않죠. 할 수 있다고 해도 금액이 어마어마할 거예요.

통원목이 더 좋은 줄 알았는데, 그동안 알았던 상식에 한 대 맞은 기분이었다. 그러고 보니 베니어드 방식으로 책장을 만든 적이 있었다. 물론 아주 얇은 자작나무 판을 사용했지만, 제작 과정이 매우 고되었다. 다시는 이렇게 크고 면이 넓은 가구를 만들지 않겠다고 다짐했다. 결국 가구 디자인 자체를 하지 않게 되었지만, 나무의 길이를 맞추고 면을 고르고 이음새를 내고 단단하게 붙여서 꼼꼼히 왁스 칠을 했던, 정직했던 시간이 여전히 생생하다. 빈티지 가구는 단순히 유명 디자이너가 만들었기 때문에, 또는 세월의 무게 때문에 가치가 높고 비싼 것만이 아니었다. 모든 수식어를 뺀 자체로도 훌륭했다. 그래서 더욱 소장하고 싶어졌다. 하지만 그만큼 조심스럽다. 고심해서 고른 가구를 스스럼없이 대할 수 있을까. 식탁을 모셔 두고 바닥에 상을 펼쳐서 밥을 먹게 되는 건 아닐까.

영 실제로 사람들이 고민하는 부분이에요. 나무 가구는 상대적으로 복원이 수월한 편이니 편하게 사용했으면 좋겠습니다. 최근에 한 손님이 핀란드 디자이너 알바 알토Alvar Aalto의 테이블을 구매했는데, 칼질하다가 흠집이 났다면서 다시 도장을 할 수 있는지 문의했어요. "앞으로 10년, 20년이 지나도 그 칼자국이 남아 있을 텐데 가구에 히스토리를 남겼다고 생각하는 게 어떠세요?"라고 대답했어요. 가령 아이가 가구를 포크로 찍었다면 내 가족의 흔적이 되는 거잖아요. 가치관의 차이인 것 같아요.

가구는 결국 가구죠. 요즘에는 선택지가 많아졌어요. 맞춤형도 있고, 개인 스튜디오에서 만드는 가구도 있고요. 디자이너 가구도 계속 나오죠. 그중에 빈티지 가구를 추천하는 이유가 있다면 뭘까요?
영 옛날에 공들여서 만들던 방식을 요즘에는 적용할 수 없어요. 현대에 만들어진 사이드보드에서는 음각으로 깎은 손잡이를 볼 수 없죠. 일일이 손으로 깎아야 하니까요. 당시에만 구할 수 있었던 좋은 자재로 만든 것도 있고요. 무엇보다 오래된 가구가 주는 온기가 분명히 있어요.

대화를 나누는 내내 이아영과 김성민의 목소리에는 흔들림이 없었다. 낮고 조용한 목소리, 조심스럽고 꼼꼼하게, 하지만 강단 있고 확실하게 한마디 한마디를 내놓았다. 같은 얘기를 자주 해서가 아니라, 반복된 다짐이 깊이 뿌리내려 당연한 소신이 된 모양새였다. 희소성이 높은 가구를 발견하는 것보다, 세련된 감각을 구비하는 것보다 소비자와의 신뢰를 쌓는 것이 이 사업의 생명이구나 싶었다.

One Ordinary Mansion

영 힘이 닿는 데까지, 환갑이 넘도록 이 일을 하고 싶어요. 그동안은 기간 제한 없이 애프터서비스를 제공해 드릴 거예요. 원오디너리맨션의 책임이에요. 컬렉팅 버금갈 정도로 복원에 심혈을 기울이고 있어요. 운영자의 성향이죠. 저나 남편이나 완벽주의 성향이 강해요.

촬영하는 동안 가구를 직접 보는 것만으로도 설레었어요. 여러 종류의 업무가 혼재되어 있지만 그만큼 가슴 뛰는 순간들도 다양할 것 같아요.
영 제품 하나하나 어떻게 구했는지 기억나요. 어떤 손님에게 갔는지도요. 그런 부분에서 많은 의미를 느껴요. 1950년도 덴마크 공방에서 만들어진 가구가 60년 뒤에 경기도 성남의 한 쇼룸을 거쳐, 부산의 40대 부부의 가정집에 놓이는 과정을 제가 매개해 준다는 사실이 운명적으로 느껴집니다. 같은 자본으로 돈을 더 많이 벌 수 있는 일도 있을 테고, 디자인이나 가구와 관련된 다른 일도 있겠지만 이 직업에서 발견되는 가치를 놓을 수가 없어요.

그런 이야기를 모아서 책으로 엮으면 재미있을 것 같아요.
영 생각이야 있죠. 가구를 구매하는 손님들에게 그 가구의 히스토리를 적어서 드리고 싶기도 해요. 상황이 여의치 않아서 설명 정도만 하고 물리적으로는 못 하고 있어요.

한편, 디자이너를 디자이너보다 더 잘 아는 두 사람치고 복장에 크게 신경 쓰지 않은 모습이었다. 촬영을 의식할 법도 한데 머리부터 발끝까지 평소에 출근하는 모습 그대로인 듯했다. 당장 현장에 투입되어도 위화감이 없을 모습, 담백하고 수수한 모습이 데니시 가구와 닮아 있었다. 동시에 평상시 업무가 얼마나 많은 활동을 요하는지 짐작할 수 있었다.

One Ordinary Mansion

영 제품의 부피가 크고 쇼룸에 들이기까지 프로세스가 워낙 많다 보니 업무의 80%는 육체노동이에요. 품이 정말 많이 들어요. 솔직히 돈을 벌기 위해 할 수 있는 일은 아닌 것 같아요.

민 가구가 무거운 게 가장 큰일이죠. 처음에는 여자 직원밖에 없어서 제가 한쪽을 들면 반대쪽을 커버해 줄 사람이 없었어요. 판교로 오기 전, 광교 쇼룸은 건물 2층이었는데 아무리 가벼운 물건이라도 계속 왕복하긴 힘들거든요. 그래서 이전하면서 가장 원했던 조건이 1층에 있을 것과 정문을 크게 뚫을 것이었어요.

인터뷰를 하는 한 시간 반이 넘도록 머리를 맞대고 있는데 커피를 마시거나 업무 전화를 조용히 받은 것 외에 다른 신체적 움직임은 기억나지 않는다. 이아영은 촬영을 한사코 사양했다. 손가락이라도 담을 수 없겠냐고 물었지만 쑥스러운 듯 웃으며 피했다. 그 대신 김성민이 언제나 그랬듯이 촬영에 협조해 주었다. 촬영을 많이 해 본 것인지, 너스레가 좋은 성격인지 어색한 기색이 없었다. 마침 연결 부위가 끊어져 애프터서비스를 받기 위해 도착한 의자를 만지며 말했다. "이아영 대표가 사진 찍는 걸 부담스러워해서 제가 주로 찍혀요." 둘이 서로를 알고 지낸 세월의 깊이와 자연스러움이 생생히 느껴졌다.

영 가구를 판매하는 것 외에 비주얼 디렉팅도 하고 있어요. 공간 연출을 합니다. 중요한 건 사용자들이 편한 공간을 만드는 것이에요. 예쁘게, 특이하게는 누구나 할 수 있어요. 전 오히려 핫하지 않은 게 좋다고 생각해요. 이미지 측면에서 소비가 많을수록 그만큼 생명력이 짧아진다고 생각해요. 요즘 핫 플레이스치고 2~3년 이상 지속되기 힘들잖아요. 이런 생각을 클라이언트에게 전해서 설득하고 진행해요.

킨다블루Kindableu라는 브랜드도 운영하고 있지 않나요?

영 킨다블루에서는 빈티지 소품을 유통하는데, 사업이란 걸 전혀 모르고 시작했던 거라 아쉬움이 많이 남아요. 킨다블루는 없어질 거예요. 한국의 트렌드 속도가 너무 빠르고 유통 방식도 제가 지향하는 형태와 맞지 않아요. 그 대신 원오디너리맨션에서 소량의 소품을 유통할 예정이에요. 신중하게 들여서 전달하고 싶어요. 무엇보다 가치를 지킬 줄 아는 타임리스 브랜드였으면 좋겠어요. 지금 있는 제품은 일본의 아포테케 프라그란스Apotheke Fragrance라는 향 브랜드인데 장인 정신이 투철하고 화학 성분도 최소화되어 있어요. 1년 반 정도 직접 써 봤는데 만족스럽더라고요.

광교에서 운영하던 카페를 없앤 것과 비슷한 맥락인가요?

영 네. 우리가 100% 신경 쓰지 못하는 사업은 접는 게 맞는 것 같아요. 이것저것 운영하다 보니 놓치는 부분이 생기는데 그 스트레스가 컸어요. 이제는 여기에 집중하려고 해요.

빠른 속도로 사업을 확장하고 몸집을 불리는 한국의 보편적인 사업 형태와는 반대로 향하는 것 같아요.

영 우리만의 것을 잠잠하게 지키는 것이 살아남는 길이에요. 트렌드는 쉴 새 없이 바뀌고, 너도나도 뛰어드는 등 무질서하게 변하더라고요. 시간이 한참 지난 뒤에 다시 방문했을 때 예전에 구매했던 상품을 여전히 발견할 수 있는 브랜드가 되고 싶어요.

098

공간이라는 주제를 기반으로 여러 일을 해 왔어요. 더 많은 일을 구상 중일 것 같아요.

영 내년 상반기쯤 서울에 공간을 하나 마련하려고 해요. 쇼룸은 구매 의사가 있어야 방문하게 되는데 그것 또한 하나의 장벽이라고 생각하거든요. 서울 공간을 원오디너리맨션의 느낌으로 꾸며 놓고 마켓이나 전시를 여는 등 가구를 통해 다양한 경험을 할 수 있게 만들고 싶어요. 그리고 더 큰 매장도 구하고 싶네요. 보여 드리고 싶은 게 아직도 많거든요. 요즘은 북유럽 가구의 인기가 높아서 1층에 메인으로 두고 있지만 앞으로의 흐름은 바우하우스라든지 이탈리아, 프랑스 등 서유럽 가구로 이동할 거라는 예감이 많이 들어요. 그쪽 지역의 가구는 하나하나가 오브제 느낌이 많이 나고, 실용성에 기반하기보다 그 이상의 무엇을 보여 주는 아우라가 있어요. 큰 크기의 데니시 사이드보드보다 작은 이탈리안 데스크 램프에 더 많은 디테일이 있을 수 있고요.

아래층에 있는 가구들은 시대를 거스르는 느낌이 더 강하던데요.

영 연예인이나 패션계에 종사하는 사람들, 또는 기존에 컬렉팅을 하던 손님들이나 젊은 층이 주로 그쪽 취향이에요. 앞으로도 많이 찾게 될 가구 같아요.

사방으로 나를 둘러싸고 있는 따뜻하고 부드러운 데니시 가구 사이에서도 유리 벽 쪽에 놓인 강철 튜브 의자가 계속 눈에 들어왔다. 반질반질한 검은색 가죽으로 싸인 동그란 좌석과 등받이가 도도하면서도 귀여운 맛이 있었다. 전 주인이 오랫동안 즐겨 앉았는지 엉덩이 쪽의 가죽이 약간 흘러내려 있었다. 등받이에는 긴 상처가 몇 개 있는데, 이런 건 보통 고양이가 할퀸 자국이라고 했다. 고양이를 키우던 누군가가 이 의자에 앉아서 시간을 보내는 걸 좋아했구나. 거기까지 생각이 닿으니 신기한 기분이었다.

One Ordinary Mansion

^영 'LC7'이라는 제품이에요. 디자이너 3명이 함께 만들었어요. 르코르뷔지에_{Le Corbusier} 디자인으로 알려져 있지만 실제 영향력이 가장 컸던 디자이너는 샤를로트 페리앙_{Charlotte Perriand}이라는 여성이에요. 르코르뷔지에보다 강철 튜브 사용이 빨랐던 사람이에요. 1920~30년대에는 지금처럼 튜브 성형 기술이 좋지 않았기 때문에 이런 의자가 나왔다는 것 자체가 혁신이었죠. 이 제품은 지금도 까시나_{Cassina}라는 이탈리아 회사에서 생산하고 있어요. 동일한 제작사에서 동일한 디자인으로 만들면 당연히 새 제품이 더 비싸죠. 하지만 디테일이 달라지는 등 오리지널리티가 떨어지면 빈티지 가격이 높아져요. 오리지널리티가 빈티지에서는 정말 큰 가치예요.

혹시나 하는 마음으로 가격을 묻고 통장 잔고를 확인했다. 예정에 없던 디자이너 체어를 집에 들여놓을 수도 있다고 생각하니 갑자기 심장이 벌렁벌렁 날뛰었다. 그러나 충동구매하지 않기로 정신을 가다듬었다. 이아영의 말이 맞다. 내 공간에 대한 소신과 취향이 더 깊어진 다음에 찾아도 늦지 않을 것이다.

집에 돌아와 의자 사진이 1,000장 넘게 담긴 디자인 서적을 펼쳐 보았다. 과연 어떤 의자와 첫 만남을 하게 될지 아직 상상되지 않았지만 어디에서, 누구를 통해 만나게 될지는 단단히 마음을 굳혔다.

더 큰 쇼룸을 열고 싶다던 원오디너리맨션은 얼마 지나지 않아 강남구 자곡동에 새로운 보금자리를 마련했다. 앞이 탁 트인 1층에 파랗고 커다란 출입문을 단 쇼룸에서는 르코르뷔지에의 헤리티지가 느껴진다. 넓은 공간의 효율적인 구성 덕에 다양한 지역과 시대의 디자인이 조화롭게 어우러진다. 2020. January

BRAND INFO

INSTAGRAM: @oneordinarymansion

One Ordinary Mansion

낮에 홀로
와인을 마실 수 있다면

웬디앤브레드
Wendy and B.red

대표 서진영

About

한낮에 루프탑에서 와인을 즐길 수 있는 공간, 혼자
서도 와인을 마실 수 있는 공간을 표방하는 캐주얼
와인 바. 빈티지 잔에 담아 내는 로제와인이 시그니
처다. 천연 미장의 인테리어와 파리에서 직접 공수
해 온 소품들이 프렌치 무드를 물씬 자아내 일상에
서 벗어나 잠시 여행의 기분을 느끼게 한다. 예약제
로 운영되고, 와인 리스트와 음식 메뉴는 종종 업데
이트된다.

홍대입구역 3번 출구로 올라오니 오랫동안 잊고 지냈던 연남동 공원, 연트럴파크의 뷰가 눈에 들어왔다. 찬란한 가을의 끝자락, 푸른 잔디나 단풍은 거의 사라져 없지만 평일 오전임에도 이곳저곳에서 사람들이 햇볕을 쬐며 앉아 있는 풍경이 펼쳐졌다. 마음대로 풀리지 않는 일로 괴롭게 보낸 지난 며칠의 상흔이 이곳의 장면과 공기만으로 일순 부드러워졌다.

사진작가인 줄 알았는데 영어 선생님이라고 해서 놀란 것도 잠시, 돌연 와인 바를 열었다는 서진영(웬디)이 알려 준 주소를 찾아 천천히 발길을 옮겼다. 골목 곳곳에서 공사가 한창이었다. 체감상 '모든' 골목이라고 해도 될 정도로 이쪽에는 세월이 묻은 건물을 헐고, 저쪽에는 갓 끼운 유리창에 '임대'라는 현수막이 붙었다. 왼쪽, 오른쪽으로 지도를 따라가니 한때 참새가 방앗간에 가듯 드나들던 서점 헬로인디북스가 보였다. 원래 아는 길이었잖아. 그런데 전혀 아는 곳이 아니었다. 연남동은 점점 더 빠른 속도로 변화했다. 흡사 전쟁터와도 같은 동네 가운데에 웬디앤브레드가 등장했다. 지도 끝에 다다라 고개를 드니 '웬디앤브레드Wendy and B.red'라는 작은 포스터가 벽에 붙어 있는 게 보였다.

가파르다고 수없이 경고받은 계단을 올랐다. 가파르다는 말보다 그 계단을 잘 설명할 수 있는 단어는 없다. 건물 꼭대기에 오르자 공사 중인 건물들에 가려졌던 하늘이 펼쳐졌다. 하얀 천이 펄럭이는 테라스를 지나 밝은 색의 문을 열자 순식간에 유럽에 온 듯한 공간에 들어섰다. 짧고 끝이 둥근 머리의 서진영은 갓 사 온 바게트를 기다란 바구니에 꽂고, 에메랄드색 스웨터로 갈아입은 후 주문한 음식을 요리하기 시작했다.

"요리할 때 입는 스웨터인가 봐요."

"아뇨, 오늘 촬영하는데 색감 잘 받으라고요."

재미있는 사람이네. 벌써 이 만남이 기대되기 시작했다. 새우와 마늘을 올리브오일에 듬뿍 끓인 감바스, 그리고 여러 재료가 나무 도마 위에 진열된 웬디앤브레드 플레이트가 바게트와 함께 식탁에 차려졌다. 로제와인을 한 잔씩 따르고, 비밀의 방 같은 곳에서 여자 둘의 낮술이 시작되었다.

Wendy and B.red

웬디앤브레드는 어떤 곳인가요?

서진영 낮 시간에 편하게 즐길 수 있는 와인 바입니다. 가파른 계단 때문에 오는 길이 험하고, 공간이 협소해서 예약제로 운영하고 있어요. 매일 아침 10시에 예약을 받아요. 이용 시간은 2시간이에요. 예약이 없는 시간에는 SNS를 통해 실시간으로 손님을 받기도 하고요. 의도한 운영 방식은 아니었는데 오히려 그날의 방문객을 예상할 수 있어서 편해요. 웬디는 제 영어 이름이고, 브레드는 남편의 영어 이름이에요. B.red의 'B'는 와인 바의 바bar를 뜻하고 'red'는 레드와인의 붉은 이미지를 담았어요.

웬디라는 이름이 잘 어울려요. 흔하지도 않고요.

그 이름을 갖게 된 지 벌써 7년이 넘었네요. 영어 학원에서 강사로 일하면서 이름이 필요했어요. 사람들이 저보고 늙지 않는 것 같다는 얘기를 종종 하거든요. 『피터 팬』에 나오는 등장인물 웬디가 생각났어요. 너무 여성스럽거나 세련되지 않고, 자유롭고 발랄한 이미지가 좋았어요.

영어 선생님이라니, 온라인에서 볼 때는 사진작가인 줄 알았거든요.

본업은 선생님이었고 사진은 취미로 했어요. 영어가 좋았어요, 학생 때부터. 그래서 대학 졸업하자마자 영어 강사로 취직했죠. 사진은 전문적이라고 할 수 없지만 종종 의뢰가 들어오면 찍었어요. 웨딩 디렉팅 컴퍼니 알지비지구맛 촬영 같은 일을 맡아서 한 건 제 취향과 잘 맞았기 때문이에요. 하지만 사진을 업으로 한다는 사실을 부각시키고 싶지 않았어요. 말 그대로 취미였고, 계속 즐겁게 하고 싶었으니까요.

외국 생활도 제대로 한 적 없는데 단순히 영어가 좋아서 선생님이 되고, 취미로 시작한 사진이 좋아서 일이 들어와도 즐거운 정도를 유지한다. 좋다 싶으면 이것저것 재지 않고 달려드는 사람, 그러면서도 균형을 잡을 줄 아는 사람이었다. 철이 들지 않은 건지, 아니면 반대로 삶의 이치를 깨달은 건지, 어느 쪽일까 쉽게 가늠되지 않는 이런 모순은 그에게서 끊임없이 풍겼다. 평소에 즐겨 먹는 안주라고 말하며 무심하게 만드는 음식에서는 흡사 셰프의 손길이 느껴졌다. 바구니가 달린 자전거를 타고 출근한 발랄한 외모와 깊고 성숙한 목소리가 자꾸 엉켰다.

Wendy and B.red

파리를 정말 좋아해요. 프렌치 무드를 좋아한다고 하는 게 더 맞을지도 모르겠네요. 어릴 적부터 꼭 가 보고 싶은 도시였어요. 에펠 탑에 대한 로망이 컸거든요. 꿈 같은 상징이라고 해야 할까요. 2007년 처음 파리 여행을 다녀온 뒤로 유럽에 갈 일이 있으면 파리는 무조건 들러요. 거기서 살고 싶은 마음은 늘 있지만 현실적으로 쉽지 않잖아요. 그래서 제가 있는 이 자리에 제가 좋아하는 분위기와 취향을 누릴 수 있는 환경을 만들게 된 것 같아요. 지난 여행 때, 파리에서도 가장 좋아하는 카페 드 플로어의 테이블에 앉아 있는데 새삼스레 사람들이 노천에 앉아서 커피든 와인이든 뒤섞인 채로 마시며 자유롭게 오후를 즐기는 모습이 인상 깊었어요. 파리에서는 시간과 무관하게 와인을 마시거든요. 반면 한국에서는 밝은 곳에서 와인을 즐길 기회가 많지 않잖아요. 종종 카페에서 와인을 취급하지만 하우스 와인 정도에서 그치고요. 이 주변에도 펍은 많지만 보통 오후 5시 이후에 열어요. 그래서 낮에도 혼자 편하게 와인을 즐길 수 있는 밝은 분위기의 와인 바를 열고 싶다는 생각이 들었어요.

웬디앤브레드는 그동안 무의식적으로 그리던 와인 바의 모습과 달랐다. 주방까지 한눈에 들어오는 공간은 아침에 지하철을 타고 연남동에 왔다는 사실을 잊게 할 만큼 이국적이었다. 사방의 벽은 오묘하고 부드러운 컬러로 미장이 되어 있고 조각난 네모 모양의 창문들을 뚫고 햇빛이 구석구석을 비췄다.

바게트 하나도 그냥 썰지 않는다. 파리에서 직접 들고 온 신문지를 깔고 커다란 나무칼로 서걱서걱 소리를 내며 자르는데, 빵 부스러기가 튀는 모습을 보고 있자니 만족스러운 마음이 들었다. 무언가를 진심으로 좋아하지 않고서야 이토록 완전할 수 있을까. 한걸음 물러선 자리에서 보면 와인 바를 차린 모습이 돌연 자아실현을 한 것처럼 느껴지지만, 물론 그렇지 않다. 오랫동안 공간에 대해 갖고 있던 호기심과 염원, 틈새시장을 꿰뚫는 관찰력과 자신이 구상한 모든 것을 실천할 수 있는 추진력, 결정적으로 파리에서 직접 경험한 순간

Wendy and B.red

들이 모여 그의 작고 완전한 세계가 태어난 것이다. 이 루프탑 원더랜드는 오픈과 동시에 많은 사람이 꼭 한 번쯤은, 와인을 모르고 술에 약해도 가 보고 싶은 곳으로 급부상했다.

속내는 개인 시간을 누리고 싶어서 자영업을 시작한 것이었는데 오산이었죠. 직장에 다닐 때보다 더 바빠요. 아침에 눈 뜨면 바로 예약을 받고, 가게를 열고, 퇴근하고 집에 가면 안주를 준비하기 위해 라구소스를 끓여요. 그래도 제 공간이 있다는 것과 이곳을 좋아하는 사람들이 있다는 게 만족스러워요. 처음부터 아담하고 독립된 형태의 루프탑 공간을 찾아다녔어요. 높은 곳에 올라오면 세상과 단절된 느낌이 들잖아요. 막힌 곳이 없으니 채광도 좋고요. 3층인 데다가 가파른 계단 때문에 거래가 잘 안되고 있던 매물을 계약했어요. 이보다 더 마음에 드는 곳은 찾을 수 없었고, 솔직히 이 꼭대기까지 사람들을 올라오게 할 자신이 있었거든요. 다행히 인스타그램 팔로워인 손님들이 많이 찾아 주셔서 입소문이 빨리 난 것 같아요. 처음에는 SNS 맛집이라는 꼬리표가 부담스러웠는데 무시할 수 없는 부분이에요. 예약도 SNS를 통해서 받는걸요.

예상했던 것과 가장 다른 점은 뭐예요?
오픈 전부터 꾸준히 이 공간이 와인 바라는 사실을 알리고 있습니다. 안주를 주문하지 않아도 괜찮으니 순수하게 와인을 즐기러 방문했으면 좋겠다는 마음으로요. 그런데 단순히 사진을 찍거나 식사하러 오시는 경우가 꽤 있어요. 무알코올 음료를 찾는 경우도 있고요. 한 타임에 네 테이블을 받는데 그중 정말 와인이 좋아서 오는 손님들은 한 테이블 정도예요. 그 외에는 예의상 와인을 주문하시는 것 같아요.

한국에서는 안주 없이 술만 마시는 경우가 흔치 않죠. 저는 오히려 외국에서 안주가 없어서 힘들었던 기억이 있어요.

물론 문화의 영향도 있지만 혼자 운영하기 때문에 음식이 많으면 힘든 부분 또한 있어요. 주문량이 많으면 와인보다 음식에 집중하게 되거든요. 모든 일이 그렇겠지만 늘 예상과는 조금 다른 방향으로 가고 있네요.

평일 낮, 빈속이었고 로제와인을 홀짝홀짝 들이켰다. 안주 없이는 이 자리가 오래 지속될 수 없을 것 같아 보였다. 올리브오일에 자작하게 끓인 통통한 새우를 하나 집어서 씹었다. 새우 요리를 좋아해서 감바스를 즐겨 먹는 편인데 웬만한 스페인 식당에서 먹어 본 것보다 맛이 좋았다. 연신 감탄하며 바게트에 마늘 두 쪽을 올려 오일에 푹 찍어 먹었다. 어쩌면 평일 낮이라는 시간대가, 혹은 햇빛에 반짝이는 유리잔들의 모습이, 아니면 힘들었던 지난주의 감정 때문에 더욱 증폭되는 황홀한 순간이었다.

Wendy and B.red

웬디앤브레드 플레이트는 수제 가공육 공방 소금집에서 공수한 잠봉(햄)과 바게트 조각, 올리브, 제철 과일과 잼, 카망베르 치즈가 나오는 메뉴다. 재료가 따로 놓인 플레이트를 보고는 어떻게 먹어야 할지, 잠시 후면 사라질 고민을 했다. 바게트에 카망베르 치즈를 올리고 잼을 발랐다. 두 번째에는 얇게 썬 햄까지 올리니 비었던 속이 든든해졌다. 한창 제철인 무화과를 한 입 베어 물었다. 작은 그릇에는 올리브가 몇 알 담겨 있는데 평소 올리브를 좋아하진 않지만 주인이 앞에 앉아 있으니 예의상 한 알을 입에 넣었다. 웬걸, 그건 내가 아는 올리브가 아니었다. 태어나서 처음 느껴 보는 맛에 배신감마저 들었다. 미각의 향연 끝에 입을 축이는 가벼운 로제와인의 맛이, 내가 가지고 있던 음식 세계의 울타리를 조금 바꿔 놓았다.

그 외에도 평소에 와인 안주로 즐겨 먹어서 메뉴에 넣었다는 라구파스타와 트러플감자튀김, 프렌치토스트 등이 있다. 음식이 다양하면 힘들다고 토로하더니 구성이 꽤 탄탄하다. 와인만 취급하고 싶어도 음식에 대한 압박감이 있고, 변화를 즐기는 성격이라 때때로 메뉴를 바꾼다고 했다. 프렌치토스트는 계속 지켜보지 않으면 타 버리는 통에 메뉴에서 뺄 거라고 한다.

나름대로 최선을 다해 좋은 재료를 쓰려고 노력해요. 맛을 보셔서 아시겠지만 일반적으로 쓰는 올리브가 아니에요. 잼은 레피큐리앙L'épicurien 이라는 프랑스 제품인데, 작은 통 하나에 만 원 정도 해요. 치즈도, 잠봉도 아무거나 쓰지 않아요. 아는 사람들은 플레이트 가격이 너무 저렴한 게 아니냐고 해요. 단가에 비하면 그렇지만 손님의 입장에서는 비싸다고 느끼실 수 있어요. 가격대를 낮추려면 단가를 낮추는 방법밖에 없는데, 저는 재료비 대신 인건비를 아껴요. 그래서 혼자 일하고, 남편이 퇴근 후에 도와줍니다. 이것 하나는 자신 있게 말할 수 있어요. 물론 비싸다고 무조건 맛있는 건 아니죠. 싸고 맛있는 재료가 있으면 쓰고 싶지만 아직 그런 것은 보지 못했어요. 특히 맛이라는 건 개인적 취향이 강한데,

저는 대중적인 맛을 내려고 하는 게 아니라 직접 즐겨 먹던 음식을 내놓는 거예요.

프랑스에서 와인 학교에도 다녔다고요.

르 꼬르동 블루Le Cordon Bleu에서 단기 코스를 밟았어요. 와인에 대해서는 제 취향 정도만 파악하고 있었는데, 손님들의 궁금증을 해결해 줄 수 있는 정도의 지식은 있어야겠다는 생각이 들었어요. 하지만 와인 커리큘럼은 소믈리에 코스가 대부분이고, 책으로는 독학이 어려워요. 어려운 용어가 많거든요. 마침 르 꼬르동 블루에서 심화 과정을 오픈했어요. 가게에서 쓸 집기도 사 올 겸 파리에 갔죠. 2주 동안 온종일 쉬지 않고 배우느라 힘들었지만 파리의 카페와 바를 다니면서 여행할 때와는 다른 관점으로 벤치마킹할 기회도 얻었습니다. 가장 좋았던 경험은, 보틀을 주문해도 시음이 가능하다는 거였어요. 한국에서는 일단 보틀을 따면 무조건 소비해야 하기 때문에 사실상 시음이 불가능하거든요. 웬디앤브레드에서는 대부분의 와인을 글라스로 팔기 때문에 시음해볼 수 있어요. 가끔 고민하는 손님들에게 시음을 권해요. 이름이나 가격에 편견을 갖지 말라고 블라인드 테스트를 하기도 하는데 그 재미가 쏠쏠합니다.

웬디앤브레드의 와인 리스트는 국내에서 보기 드문가요? 와인 취향이 궁금해요.

로제와인을 주력으로 판매하지만 개인적으로는 레드와인을 가장 좋아해요. 복잡하지 않고 레드베리 향이 많이 나는 종류요. 웬디앤브레드의 와인 리스트는 지극히 제 취향대로 구성했어요. 어찌 보면 희소성이 높은 편이죠. 시중에서 보기 힘든 와인을 들여와요. 다르게 말하면 대량으로 수입되지 않기 때문에 쉽게 구할 수 없는 거예요. 수입 업체에서 1년

에 한 번씩 테스트로 소량 들여오는 것 중에 직접 맛보고 고릅니다. 반응이 좋으면 전량 구입하기도 해요. 대량 생산되지 않기 때문에 수량이 적은 경우도 있지만, 프랑스나 이탈리아에서 인기가 많아 먼저 소비되고 남은 양을 들여오기 때문이기도 해요. 그래서 물량이 떨어지면 대체할 다른 와인을 찾아요. 리스트가 종종 업데이트되는 이유죠.

리스트가 한결같은 것도 좋지만 조금씩 바뀌는 것도 매력적이네요.
재미있지만 스트레스도 종종 받아요. 인기 있던 와인을 대체하려면 그만큼 맛이 좋아야 하는데 찾기 어려워요. 그렇다고 억지로 제 입맛에 맞지 않는 걸 끼워 넣고 싶지 않아요. 리스트가 긴 건 꼭 좋다고 할 수 없어요. 옵션이 적으면 혼란도 적어요. 손님들이 리스트에 있는 와인을 다 마셔 보는 경우가 많지 않으니까요.

우리는 MIP라는 로제와인을 마시고 있었다. 화이트를 권하기도 했으나, 휴대폰 너머로 수십 번 훔쳐보았던 빈티지 잔에 담긴 로제와인을 마셔 보고 싶었다. 유리잔이 커팅 된 각도와 함께 춤추는 연한 살구빛 액체가 사랑스러웠다. 가까스로 첫 잔을 비워 가는 사이, 그는 벌써 세 잔째 따르고 있었다.

로제와인의 성지라는 별명이 있어요. 로제를 추천하는 이유가 있나요?
한국에서는 조금 낯선 품목이에요. 하우스 와인 중에 로제를 본 적 있나요? 그리고 로제와인은 맛도 좋지만 눈으로 즐기는 부분도 커요. 빈티지 잔에 서빙할 수 있다는 매력 포인트가 있고요. 봐요. 너무 예쁘잖아요. 그런데 와인 바 대부분이 밤에 여니까 매력 발산을 하지 못하죠. 로제는 낮의 분위기와 잘 어울리는 것 같아요. 웬디앤브레드의 콘셉트에 맞춰 처음부터 로제를 주력으로 밀려고 했어요. 오픈 전, 파리에 갔을 때 SNS에 로제와인 사진을 잔뜩 업로드했죠. 그러면서 로제와인에 대한 환상을 심어 주게 된 것 같아요.

왜 로제와인만 빈티지 잔에 담아 주나요?
로제는 레드나 화이트와 다르게 일반 와인 잔이 아니어도 맛을 살릴 수 있어요. 잔은 파리에서 직접 사 온 거예요.

한동안 로제봉봉Rose Bonbon이 웬디앤브레드의 SNS 피드를 장식했다. 복숭아 향이 강하고 음료수처럼 가볍게 마시기 좋은 로제봉봉은 많은 이들의 사랑을 독차지했다. 상세르Sancerre라는 화이트와인 역시 온, 오프라인을 가리지 않고 인기를 끌었다. 수입 업체 내부에서는 '웬디 효과'라는 말까지 생겨났다고 한다. 그랬더니 웬걸, 하나하나 정성스레 갖춘 와인 리스트를 따라 하는 가게들이 나타났다. 이토록 가볍게 취급당하는 지적 자산, 놀랍지 않다. 덕분에 수입 전량이 확보된 와인이 아니고서는 SNS에서 소개받기 어려워졌다. 필요 이상 개방적으로 운영할 필요가 없다고 판단한 것이다. 손님 입장에서는 아쉬운 점은 없을 것이다. 직접 와야 그가 고른 와인의 진가를 알 수 있으니까.

와인은 분위기로 마시는 술이에요. 분위기가 50% 정도는 좌우하는 것 같아요. 솔직히 파리의 노천카페에서 마시는 와인이 모두 맛있는 건 아니에요. 분위기에 취하는 거죠.

낮술의 매력은 뭘까? 대학생 시절, 자주는 아니었지만 어쩌다 시간이 생기면 낮에 술을 마시기도 했다. 그러면 꽤 오래 마셔도 귀가할 때쯤이면 정신이 멀쩡해져서, 즐긴 만큼 즐기고도 개운하게 하루를 마무리할 수 있었다. 하늘이 너무 밝아서인지 와인에 쉽게 취하는 기분도 들었다. 발개진 얼굴이 더 잘 보여서였을까. 평소와 다른 시간대에 보통 하지 않는 무언가를 한다는 건 그 자체만으로도 조금 설레는 일이었다.

Wendy and B.red 123

낮에도 술을 마시고 싶은 사람들이 있잖아요. 마음속에 담아둔 이야기를 이어가기에 커피 한 잔이 주는 시간은 너무 짧죠. 그렇다고 카페인을 두세 잔씩 마실 수도 없고요. 실제로 낮술을 즐길 수 있는 곳이 생겨서 좋다는 반응이 꽤 있어요. 저녁에는 퇴근하고 친구들과 생일 파티를 하기도 하고 주말엔 애인과 기념일을 축하하기 위해 오는 손님들이 많지만 평일 낮에는 혼자 오셔서 와인 한잔하며 책을 읽기도 하고, 분위기가 조금 달라요.

그럼 혼술에 대한 이미지도 조금 바뀌었을까요?
적어도 이곳에서는 혼자 술 마시는 게 심심하지 않고 편해서 좋았다고 하시더라고요.

기억에 남는 피드백이 있을 것 같아요.

웬디앤브레드 때문에 지방에서 서울로 왔다는 얘기를 듣고는 놀랐어요. 서울에 맛있고 유명한 곳이 얼마나 많아요. 그중에 여기를 콕 짚어 찾아 주었다니 정말 감사하죠. 그리고 추천해 드린 와인이 다 맛있었다는 얘기를 들었을 때는 뿌듯했어요. 치열하고도 치열한 서울 한복판에서 이만큼의 성과를 내고 있다는 기분이 참 좋아요.

곧 파리에 또 갈 계획이라고 들었어요.

빈티지 잔이나 그릇을 사고 싶어 하는 손님들이 계셔서 이번에 소량을 사 오려고 해요. 벼룩시장을 열고 싶은데 공간에 제약이 있어 어떻게 진행할지는 고민해 보려고요. 여행보다는 출장인 셈이죠.

앞으로 웬디앤브레드는 어떤 방향으로 가게 될까요?

잘 모르겠어요. 만약에 와인 바 운영을 그만둬야 하는 상황이 온다면 이 공간을 에어비앤비로 써 보고 싶어요. 여기에서 잠들고 눈 뜨면 너무 좋을 것 같지 않나요?

훗날 정말 그렇게 하고 있을 것 같아요. 삶의 방식도 그렇고 단적으로 SNS만 봐도 자유롭고 부담이 없어요.

제 성격이 그래요. 즉흥적이고요. 서로 오해가 생기지 않고 불쾌하지 않은 선에서 가능한 한 솔직하게 대해요. 저의 운영 방식을 이해할 수 있도록 충분히 설명하고 그다음에 손님들에게 요구해요. 예를 들면, 이 공간에서 사진 촬영은 얼마든지 괜찮지만 연속 촬영 소리는 다른 손님들에게 불편함을 줄 수 있으니 자제해 달라고 하죠. 그러면 오히려 손님들이 더 공감하고 배려해 줍니다. 서로 눈치 보는 것보다 투명하게 소통하는 게 좋아요.

Wendy and B.red

"웬디앤브레드를 운영하면서 가장 어려운 부분은 술을 드신 손님들이 계단을 내려갈 때 걱정이 된다는 점이에요. 눈이라도 내리는 날이면 어떻게 해야 할지, 참."

내내 시원시원하게 말하던 그에게서 나온 따뜻하고 다정한 말. 그는 매일 예약에 실패한 숱한 손님들에게 미안한 마음을 전하고도 괴로워했다. 맞다. 피터 팬의 웬디가 그렇게 동생들을 챙겼지. 우리는 와인 반병을 비웠다. 그러지 않아도 높은 곳에 와 있는데 취기가 올라와 기분마저 둥둥 떴다. 가파른 계단을 내려와 지상에 발을 디디니 비로소 꿈에서 깨어나 현실로 돌아온 기분이었다. 분주한 연남동 길거리에서 나 혼자 취해 있고 아무도 그 사실을 몰랐다. 그 느낌이 썩 나쁘지 않았다.

오후에 웬디앤브레드의 SNS를 보니 인터뷰가 끝난 자리에서 혼자 시간을 즐기는 웬디의 뒷모습이 CCTV에 찍혀 있었다. 그 모습이 어찌나 재미있고 열정적인지, 해상도 낮은 장면을 보며 자꾸만 웃음을 지었다. 그가 파리에서 사 올 빈티지 잔을 눈여겨봐야겠다. 그리고 낮에 예쁜 와인을 홀짝이며 글을 써 봐야지.

126

14개월 만에 다시 방문한 웬디앤브레드는 미장과 페인트칠, 가구 변경 등으로 더욱 완벽한 파리의 모습이었다. 메뉴에서 빠질 거라던 프렌치토스트는 여전히 인기 메뉴 중 하나로 자리매김 중이다. **2020. January**

BRAND INFO

INSTAGRAM: @wendyandbred

Wendy and B.red

예쁜 건 확실하게 예쁘고,
실용적인 건 확실하게 실용적으로

오롤리데이
Oh, Lolly Day!

대표 박신후

About

동글동글한 마스코트 캐릭터 '못난이'로 인지도가 급부상한 스테이셔너리 브랜드. 에코 백도 인기지만 한번 쓰기 시작하면 헤어 나올 수 없다는 다이어리가 매년 다양한 컬러로 출시된다. 서울 상계동에서 해피어숍 Happier Shop, 다이브인브레드 Dive In Bread, 구 소소접 시인 낫론리비해피어 Not Lonely Be Happier 등 오롤리데이 Oh Lolly Day만의 감성을 담은 공간들을 이어서 오픈하며 입지를 다지고 있다.

‘오니기리를 꼭 먹어 보고 싶어요’라는 말로 시작하는 메일을 보냈다. 속에 아무것도 넣지 않은, 겉을 바삭하고 노릇하게 구워 담백한 김으로 싼 오니기리였다. 소박한 한 주먹의 식사이지만 주변에서 쉽게 찾아 볼 수도, 집에서 쉽게 해 먹을 수도 없었다. 메일을 받은 오롤리데이 주인장 박신후(롤리)는 그럼 소소접시를 인터뷰하고 싶은 것인지 물었다. 소소접시도 물론이지만 그보다 오롤리데이를, 그보다 롤리를 인터뷰하고 싶었다. 그마저도 소소접시를 '소소식당'이라고 잘못 보낸 것을 알고는 온몸이 민망함으로 후끈 달아올랐다. '죄송해요. 제일 싫어하는 실수를 하고 말았네요.' 했더니 자기도 종종 잘못 부른다며 웃어넘긴다.

상계역에서 내려 약속 장소인 소소접시까지 가는 길에서는 오래전 할머니가 살던 빌라가 있는 동네와 비슷한 분위기가 풍겼다. 아직 개발되지 않은, 젠트리피케이션이 덮치지 않은 서울 대부분의 동네가 그랬다. 대로변에서는 오래된 상가들이 화장품이나 옷, 식재료 등을 팔고 있었고 골목에 들어서니 추어탕집 간판이 보였다. 그리고 곳곳에서 나이 지긋한 주민들이 각자의 오래된 일상을 보내고 있었다.

소소접시, 다이브인브레드는 오롤리데이에 이어 박신후가 오픈한 식당과 베이커리의 이름이다. 두 가게가 하나의 주택 건물 위, 아래층을 사용하고 있었다. 끼익- 소리가 나는 철제 문을 밀고 들어갔다. 아주 작은 마당을 지나 신발을 벗고 식당으로 들어서니 오니기리와 브런치 플레이트가 준비되고 있었다. 요리가 완성되는 사이 촬영을 마치고, 박신후와 마주 앉아 그토록 고대했던 오니기리를 한 입 베어 물었다. 예상대로였다. 독특하거나 간이 중독적인 맛이 아니라 따뜻하고 삼삼한, 속이 편안해지는 맛이었다. 통통한 새우와 샐러드, 버섯 반찬과 함께 오물오물 씹었다. 이걸 먹으려면 상계동까지 와야겠구나. 이걸 먹으러 상계동까지 올 수 있어서 다행이다.

Oh, Lolly Day!

오롤리데이는 원남동에 위치한 카페로 처음 알게 되었어요. 이번엔 상계동이네요.

박신후 계획은 없었는데 전에 있던 곳에서 갑자기 나와야 했어요. 어차피 임대료를 내고, 빚을 져야 한다면 차라리 건물을 사는 게 낫겠다는 생각이 들더라고요. 건물주가 되는 건 우리와 상관없는 일이라고 생각했는데 아파트보다 훨씬 싼 건물들이 있다는 게 충격적이었어요. 가능성이 있다는 사실이 얼마나 흥분되고 설렜는지 몰라요. 하지만 대출을 충분히 받을 수가 없어서 세입자를 끼고 입주할 수 있는 건물을 찾아야 했어요. 그러다 보니 상계동까지 오게 됐네요. 차츰차츰 돈을 모아 세입자를 내보내면서 해피어숍(오롤리데이 쇼룸)을 오픈할 수 있었습니다. 소소접시 건물은 사지 않으면 후회할 정도의 가격으로 나왔는데 아무리 싸다고 한들 살 능력이 안 됐죠. 은행 10곳 정도 다녔나, 그중 한 곳에서 저희를 너무 잘 봐 주어서 대출을 많이 받을 수 있었어요. 건물이 하나 더 생겼으니 뭐라도 해야 하잖아요? 해피어숍까지 찾아오는 손님들이 동네에서 식사나 커피 한잔할 만한 곳이 마땅치 않다고 생각해서 직접 하기로 했어요. 이렇게 얘기하니 쉬워 보이지만 오래된 건물을 사니 소위 '썩었다'는 표현이 나올 정도로 환경이 열악했어요. 2년 동안 말도 안 되는 집에서 살았는데, 저희 부부는 어려서부터 고생을 많이 해서 그런지 받아들이기엔 어렵지 않았어요. 고쳐 쓰는 게 익숙하거든요.

오는 길에 보니 젊은 사람들은 그리 많지 않더라고요. 이 동네에서는 젊은이가 운영하는 가게에 속하겠어요.

멀리서 찾아오는 분들도 있지만 많다고 할 순 없어요. 막상 와 보면 생각보다 가까운데 심적 거리가 먼 동네인 것 같아요. 지금은 저희뿐이지만 젊은 사람들의 공간이 많아지리라 기대해요. 외진 지역을 선택하는 데

Oh, Lolly Day!

는 경제적 제약도 있지만 개발이 안 된 곳을 선호하는 취향도 한몫합니다. 이런 동네의 친근한 느낌이 좋아요.

동네 분들은 좋아하겠는데요?
특히 엄마들이 아이들을 데리고 많이 와요. 저희는 대환영이에요. 노 키즈존으로 운영하는 곳도 아닐뿐더러, 이왕이면 확실하게 친절하자는 주의에요. 무례한 손님도 없고요.

식사를 마치고 아래층의 베이커리 다이브인브레드에 들렀다. 하얀 벽과 나무 가구들로 구성한 공간에는 이렇다 할 특징이 없었지만, 미닫이문의 창으로 보이는 마당의 화분과 약간 지하로 내려온 작은 공간으로 쏟아지는 햇살이 매력적이었다. 엄마와 남편, 나를 위한 빵을 하나씩 고르고 테이크아웃 병에 담긴 오렌지말차밀크티를 하나 담았다. 내일 아침에 일어나면 향긋한 밀크티와 바삭한 스콘이 나를 기다리고 있을 거라 생각하니 금세 행복해졌다. 먹을거리를 담은 종이 백 입구를 접고 폭신폭신한 빵으로 다이빙하는 통통한 캐릭터 스티커로 봉했다.

그럼 일부러 핫 플레이스를 찾아다니는 편은 아니겠어요.

바쁘고 부지런하지 못한 것도 있지만 시간 내서 찾아다닐 만큼 궁금하지 않아요. 제 눈에는 요즘 핫 플레이스라고 하는 곳들이 대동소이해 보이거든요. 그만큼 특별한 곳이 드물게 된 것 같아요. 원남동 카페는 분홍색 톤의 옥상에 홍학 튜브도 있고 트렌디한 느낌이었는데 그 여파에 완전히 질려 버렸어요. 온라인으로 먼저 보고 오시는 손님들이 대부분 본질에는 무관심하고 인스턴트한 이미지만 소비해 가는 거예요. 그래서 이번에는 포토 존 같은 포인트를 제외하고 천천히 오랫동안 머물 수 있는 가게를 만들고자 했어요. 멋있고 불편한 것보다는 편하고 안정감 있는 게 좋아요. 주인이 너무 엄격하면 손님도 눈치 보게 되잖아요. 사업적인 접근으로는 말이 안 될 수도 있지만 핫 플레이스가 되지 않으려고 노력했어요. 상계동과 어울려야 한다고 생각했고, 제대로 중심이 잡혀 있지 않은 상태에서 이미지만 보고 찾아오는 분들에게 불만족스러운 서비스를 제공하고 싶지도 않았습니다.

그래서인지 새로운 공간이지만 오래도록 여기에 있었던 것 같은 느낌이 들어요. 그렇다 해도 오롤리데이 제품을 계속 만들어 내려면 여러 가지 인풋이 있어야 할 텐데요.

필요 없어요. 제 기준과 소신으로 만드는 것들이라 제품도 음식도 스스로 만족스러우면 돼요. 자꾸 트렌드를 쫓으면 그 안에 갇히고 저도 모르게 카피를 할 수도 있기 때문에 경계하는 편이에요. 창작의 영역이 모호하잖아요. 그래서 인사이트를 찾아다니는 것에 대한 의무감이 없어요.

그럼 제품을 만드는 자신만의 방식이 있나요?

이미지를 두루 보긴 하지만 그것 역시 너무 많이 하지 않으려고 해요. 작

Oh, Lolly Day!

업은 굉장히 즉흥적으로 해요. 창작 에너지가 폭발하는 시기가 한 번씩 오는데 그걸 잘 잡아야 하죠. 그때 신제품이 두세 개씩 나오고 결과가 제일 좋아요. 디자인하는 시간이 얼마나 걸리는지 묻는 경우도 있는데 농담 반 진담 반으로 5분 걸렸다고 대답해요.

최근에 새로 나온 플라스틱 바구니가 있죠? 사람들이 관심을 많이 보이는 것 같던데요.
숍에 크기가 작은 상품들이 많아서 쇼핑 바구니가 있으면 좋겠다고 생각했어요. 온라인에서 저렴하게 샀는데 오롤리데이 스티커를 붙이고 라벨을 달아 보니 너무 귀여운 거예요. 피크닉 바구니나 꼬마들 패션 아이템으로도 괜찮겠다 싶어서 구성했는데 반응이 좋아요. 사람들은 귀여운 걸 참 좋아해요.

정작 본인은 귀여운 것을 좋아하지 않는다고 들었어요.
더 정확히 표현하자면 '귀엽기만 한 것'을 좋아하지 않는다는 게 맞아요. 오롤리데이 제품이 '귀엽다'에서 끝나지 않았으면 좋겠어요. 미니멀함에 더 중점을 두고 있는데 어쩐지 귀여움에 묻히고 있네요. 못난이 제품이 압도적으로 많이 팔리기 때문인데, 솔직히 고백하자면 저도 그 늪에 빠져서 자꾸 만들게 돼요. 웃긴 얘기지만 내 디자인 '쪼'가 생긴 듯한 느낌이에요. 앞으로는 못난이가 귀엽기보다 매력이 있다는 느낌으로 다가갈 수 있도록 노력해야죠.

'못난이'는 어떻게 태어난 거예요?
얼어걸린 감이 없지 않아 있어요. 제품이 고작 4개 정도밖에 없을 때였는데, 원남동 건물에 꽂히는 바람에 쇼룸을 열겠다고 덤빈 거죠. 오픈 일

정에 맞추어 부랴부랴 제품을 만들다가 귀여운 것도 하나쯤 있으면 좋겠다 싶어서 그런 게 못난이예요. 이름도 지어 주지 않고 제 기준으로는 못생겼으니 못난이가 됐는데 점점 유명해졌어요. 에코 백만 몇 만 장 팔았고, 아직도 판매되고 있어요. 사실 캐릭터 디자인은 어려워요. 낙서처럼 힘 빼고 그래서 잘된 것 같아요.

효자 상품이 있다는 건 감사한 일이죠. 그런데 저도 귀여운 것을 좋아하는 취향이 아니어서, 그보다는 컬러 감각이 뛰어나다고 느꼈어요. 쉬워 보여도 막상 컬러들을 매칭하면 상상했던 느낌이 아닌 경우가 많으니까요. 컬러는 감각에 의지해서 선택하는 편이에요. 훈련으로도 습득할 수 있는 감각이지만, 그러면 틀에 박힌 배색을 하게 될 위험성이 높아지는 것 같아요. 그래서 오히려 공부를 많이 하지 않는 게 더 나을지도 모르겠다는 생각을 해요.

너무 잘하려고 하면 오히려 안 될 때가 있더라고요. 제품을 만들 때 중요하게 생각하는 부분이 있다면요?
필요 없는 물건은 만들지 않으려고 합니다. 필요 없는 물건이란 보기에만 멋지고 예쁜 것들이에요. 디자인은 완전히 예술이 아니기 때문에 실용성과 접목되어야 한다고 생각해요. 노트를 만든다면 일러스트를 최대한 배제하고 컬러와 타이포그래피를 주로 활용해서 내지에 신경을 씁니다. 노트는 예쁜 게 우선순위가 아니라고 판단해서예요. 실용적인 것은 확실히 실용적으로, 예쁜 건 확실히 예쁘게 만들어요. 키 링, 휴대폰 케이스 같은 제품은 개성을 표현할 수 있는 아이템이기 때문에 예뻐야 해요.

Oh, Lolly Day!

올해가 창립 6주년이죠. 한껏 성장 중이라는 느낌이 들어요.

성장하고 있다고 체감한 지는 2년 정도 된 거 같아요. 원남동에서의 경험이 컸어요. 브랜드에 대한 생각이 많이 바뀐 시점이기도 합니다. 상계동으로 오면서 온라인으로만 운영하다 보니 개발에 집중하게 되고 제품군이 늘었어요. 제품 개수가 많아지니까 브랜드가 자리를 잡기 시작하더라고요. 점점 러브 콜을 보내오는 곳도 많아지고 협업 프로젝트도 몇 개 했어요. 사실 매일 입점 문의를 받는데 웬만하면 거절해요. 판매자에게도 메리트가 있어야 하는데 이곳저곳 배포하면 굳이 저희 브랜드를 취급할 이유가 없어지잖아요. 현재 생활용품과 잡화를 판매하는 상점 오브젝트를 중심으로 유통하고 있어요. 물론 누구나 알 법한 곳에서 불러주면 욕심은 생겨요. 인지도 측면에서 효과가 있으니까요. 하지만 우리같이 작은 브랜드가 자칫하면 색깔을 잃고 상업적으로 변할 수도 있겠다는 경계심을 늘 갖고 있어요. 어디서나 접할 수 있는 흔한 문구 브랜드가 되고 싶지 않아요. 그게 나쁘다는 게 아니에요. 적어도 오롤리데이가 추구하는 방향은 아니라는 거죠. 사람들은 의외로 어디서나 볼 수 있는 물건은 잘 사지 않아요. 다음에도 얼마든지 살 수 있다는 생각이 들기 때문이죠. 소비에서 희소성이 점점 중요한 가치가 되어 가고 있는 거예요.

아는 사람은 안다는 오롤리데이 만년 다이어리를 작년 연말에 처음 구매했다. 진한 토마토색과 여린 핑크빛 스킨 톤 중 고민하다 차분한 색상을 선택했다. 날짜를 자유롭게 쓰도록 되어 있는 위클리 페이지의 여덟 칸 중 하나에는 'How was this week?'라는 문구가 적혀 있었다. 작은 크기의 글귀를 손가락으로 가리키며 이게 오롤리데이만의 포인트인 것 같다고 아는 척을 해 보았다. 그런데 돌이켜 보면 소소접시의 공간과 음식도, 다이브인브레드의 빵과 스티커도 그랬다. 시간이 지날수록 자꾸 마음에 남았다.
박신후는 오롤리데이를 시작하기 전, 남편(조쓰)과 함께 제품 디자인 스튜디오를 운영했다. 안경 홀더 같은 아이디어 제품을 만들었는데 꽤 잘되었다고 한다. 수출도 하고, 줄줄이 나오는 카피 상품에 속앓이를 할 정도였다. 그 사업으로 전세 자금을 마련했다고 하니 정말 잘되었나 보다. 하지만 제품 디자인은 프로세스가 아주, 아주 길다. 기획하고, 디자인하고, 샘플을 만들어 테스트하고, 생산하고, 유통하고…. 경험자로서 증언하지만 온몸의 진이 빠진다. 그마저도 수익의 상당 부분을 제작비에 다시 투자해야 한다. 어느 정도 일하다 보면 이상과 현실 사이에서 고민하는 자신을 발견한다. 그 슬럼프가 박신후 부부에게도 왔다. 1년가량 백수처럼 지내다가 마음을 다잡고 조금 가벼운 일을 시작했다. 우리가 다 만들지 말고 기성품에 그림을 얹어 보자. 그것이 오롤리데이의 시작이었다.

Oh, Lolly Day!

현실적인 이유로 시작했네요. 그렇게 시작한 일들이 잘되고 오래가는 경우가 많더라고요. 자신을 갈아 넣으면 금방 소진돼버려요.

정말 가벼운 계기죠. 초심을 잃지 않기 위해서 어떻게 하냐고 묻는 사람들이 있는데 전 초심이 없었어요. 소비자들의 사랑을 받기 시작하면서 책임감이 생겼을 뿐입니다. 브랜드를 꾸준히 응원해 주는 팬도 생겼고 무엇보다 직원을 두고 일하면서 더는 가볍게 생각할 일이 아니게 됐어요.

좋으면서도 마음이 무겁겠어요.

그냥 받아들여요. 스트레스를 받으면서도 한편으론 책임감이 좋아요. 저는 천성이 게으른 사람이어서 될 수 있는 한 아무것도 하지 않는 걸 좋아하는데, 일을 마구 벌이면 스스로 움직이게 되는 원동력이 돼요. 시작한 일에 있어서만큼은 대충 하고 싶지 않거든요. 자존심도 상하고요.

어느새 그렇게 많은 팬들이 생겼을까요?

오롤리데이를 시작하기 전부터 인스타그램 팔로워가 많았어요. 요리하는 걸 좋아해서 집밥 사진을 주기적으로 올렸는데 어느 날부터 구독하는 사람들이 늘었어요. '항공샷' 구도의 밥상 사진에 #롤리식당 해시태그를 달아서 꾸준히 올렸더니 하나의 시리즈가 되더라고요. 그때부터 저를 좋아해 주는 분들과 계속 함께 성장해나가는 것 같아요.

저도 인스타그램을 오랫동안 봐 왔는데 밝은 에너지가 넘치는 사람이라는 인상을 자주 받았어요.

부정적인 이야기로 에너지를 소모하고 싶지 않아요. 비판도 필요 이상으로 많이 하면 행복하지 않은 것 같고요. 그냥 칭찬해 주고 싶어요.

Oh, Lolly Day!

그런 성격은 무엇에서 비롯되었을까요?

아빠가 외향적이고 낙천적이거든요. 동시에 게으르세요. 실패를 거듭했고 아직까지도 회복이 안 되고 있지만 마음만은 늘 편한 분이에요. 다행히 책임감은 엄마를 닮았어요.

보통 자기도 모르는 사이에 아버지와 비슷한 사람을 만나지 않나요? 남편분은 다른 성향인 것 같더라고요.

오롤리데이를 같이 이끌어 왔는데 저는 큰 그림을 보는 대신 남편은 디테일한 관점에 강해요. 이를 맞추는 과정에서 고난과 역경을 겪었지만 지금은 안정적인 궤도에 오른 것 같아 좋아요. 완전히 달라 보이는데 제가 지극히 집순이기 때문에 잘 맞는 부분도 있어요. 이제는 남편이 저를 사업가로 인정해 주고, 자기만의 일을 하겠다며 퇴사했어요.

러브 스토리 들려주셔야죠?

앱을 통해 만났어요. 당시 앱 환경이 지금만큼 문란하지 않아서 가능했어요. 프로필에 디자이너라고 명시해 놓고 외주 작업을 받기도 했으니까요. 남편이 먼저 말을 걸어왔는데, 너무 심심하고 사람을 만나고 싶어서 그랬다나요. 하루는 친구와 치맥을 하고 있는데 연락이 와서 대답했더니 진짜로 찾아온 거예요. 저한테 호감이 있던 것도 아니고 그야말로 심심했대요. 그날 둘이서 수다 떨면서 소주를 4병이나 마셨어요.

롤리와 조쓰라는 별명이 참 명랑하고 특이해요.

대학교 교양 영어 수업 시간에 갑자기 영어 이름을 지으라는 거예요. 흔한 건 싫고 저랑 어울리지 않기도 해서 노트에 이것저것 적어 보다가 'lolly'라는 글씨가 너무 예뻐서 골랐어요. 그림을 그리면 필명 같은 걸로

146

서명해야 했는데 본명에 '후' 자가 들어가서 '롤리후'라고 쓰기 시작한 게 지금은 본명보다 더 많이 불리는 이름이 되었네요. 남편의 본명은 조창현인데 옛날에 트레이너 생활을 한 적이 있어 운동법을 많이 알고 있어요. 운동 팁을 동영상으로 찍어 친구들에게 공유하곤 했는데 그때 '조창현 스트레칭'이라는 네이밍이 생긴 거예요. 줄여서 '조쓰'가 됐죠. 회사에서 직원들도 본명 대신 닉네임을 쓰기 때문에 남편에게 조쓰를 쓰라 했더니 싫다고 하길래 '조창현 보쓰'를 줄인 거라고 하면서 설득했어요. 지금은 별명이 생긴 걸 아주 좋아하고 있답니다.

Oh, Lolly Day!

회사 문화가 재밌네요. 그러고 보니 직원을 채용할 때 자기소개서로 에세이 형식을 채택했다는 점이 기억나요.

에세이 형식을 강요하는 건 아니에요. 자유롭게 풀어서 얘기해 달라는 거예요. 자신이 어떤 사람인지 최대한 보여 주길 원했어요. 오롤리데이와 맞는지 확인하는 과정이니까요. 대부분이 아주 솔직하게 쓰는데 열 장, 스무 장씩 보내는 경우도 있어서 자기소개서 읽는 시간이 오래 걸려요. 간신히 거르고 걸러서 4명 정도 면접을 보죠. 자기소개서를 통해 어떤 사람인지 대강 파악한 다음 실제로 만나서 얘기를 나눠 보면 역시 좋은 사람들이라 가리기 어려워요. 마음 같아선 모두 함께 일하고 싶지만 그럴 수는 없고요. 이번에 난 자리는 한 명이었는데 결국 두 명을 뽑았어요. 회사 입장에서는 부담되지만 그 친구를 너무 뽑고 싶어서 자리를 만들었어요.

그 직원은 이 사실을 알고 있나요?

네. 너를 채용하고 싶어서 자리를 만들었다고 얘기해 줬어요.

감동받았겠어요.

그랬겠죠? 결국 핵심을 잘 파악하고 디테일까지 강한 친구들이 함께 하고 있어요. 오롤리데이에는 다양한 사람들이 많이 지원해요. 연봉이 4천만 원인 40대 가장도 있었고요. 특히 아기 엄마들이 많아요. 업무 시간이 짧아서 그런지도 모르겠어요. 평소에는 10시 출근, 6시 퇴근이고 금요일에는 2시 퇴근이거든요. 잠깐이지만 삶의 질이 오를 거 같아서 만든 제도인데 만족도가 굉장히 높더라고요. 일하는 시간이 짧은 대신 집중도가 높아요. 우리 회사 꽤 좋은 회사죠?

제가 취직하고 싶어지네요. 그럼 대표도 그때 퇴근하나요?

그렇지 않죠. 모두 보내고 종종 새벽 1~2시까지 일해요. 우스갯소리로 그랬어요. 직원들은 오후 2시에 퇴근하고 난 새벽 2시에 퇴근한다고. 저도 이제는 일과 삶의 밸런스를 찾기 위해 노력 중입니다.

'상계동 유노윤호(가수 유노윤호가 쉬지 않고 뭐든 열심히 하는 캐릭터이다)'라는 별명을 갖고 있더라고요. 한참을 웃었어요. 스스로도 열정이 넘친다고 생각하죠?

주체가 안 됩니다. 힘들다, 힘들다 하면서도 새로운 걸 기획하고 있어요. 사람들과 얘기하다 보면 아이디어가 샘솟아요. 누가 아이디어를 던지면 머릿속에 마인드맵이 그려지고요. 그렇다고 해서 모든 일들이 절 부자로 만들어 주는 건 아니에요. 소소접시나 다이브인브레드는 유지만 하는 수준이에요. 단순히 돈 때문이라면 이 일들을 하지 않았겠죠. 엄마가

Oh, Lolly Day!　　　　　　　　　　　　　**149**

오랫동안 식당을 하셨는데, 얼마나 고생스러운지 너무나 잘 알고 있으면서 제가 또 하고 있네요. 엄마가 소식을 듣더니 속상해하셨어요.

그래도 하고 싶은 건 해야 직성이 풀리죠.

사서 고생할 팔자인가 봐요. 최근 4년 동안 쉬는 날 없이 바쁘게 살았어요. 자영업자는 쉬어도 쉬는 게 아니에요. 남편과도 입만 열면 일 얘기고요. 실제로 작년 겨울에는 번아웃 증후군으로 고생을 심하게 했어요. 이유도 모를 눈물이 자꾸 뚝뚝 흐르는 거예요. 이것저것 오픈해놓고 나니 부담이 컸나 봐요. 급하게 티켓을 끊어 태국 치앙마이로 여행을 갔어요. 가자마자 독감에 걸리는 바람에 마냥 쉬다 왔는데 오히려 그게 회복에 도움이 된 것 같아요. 저는 예민해서 제 상태를 빨리 눈치채고 주변에 알리거든요. 엄살도 부리고요. 스트레스에 취약하지만 그래서 회복도 빠른 편인 것 같아요. 그렇지 않았다면 이 일을 해낼 수 없었을 거예요.

우리는 해피어숍과 커튼 한 장을 사이에 두고 있는 와인 바에 나란히 앉아 있었다. 아니, 와인 바가 될 뻔한 공간이라고 하는 게 맞겠다. 부엌과 기다란 테이블 하나가 다인 아늑한 공간. 이곳에서 밤마다 사람들과 와인을 홀짝이길 꿈꾸던 박신후는 잠시 계획을 접어두었다. 여러 공간에서 여러 일을 이끄는 것은 상계동 유노윤호에게도 결코 쉬운 일이 아니었다. 계획을 공유하고, 시도하고, 현실을 직시하고, 다음을 기약하는 것. 간단해 보이는 이 단계들 사이에 어떤 사건과 생각들이 피어났다가 사그라들었는지 함부로 상상할 수 없다.

여러 분야에 관심이 많고 깊게 파지 못하는 성향이라 소위 덕후가 되지 못한다는 얘기를 한 적 있죠. 저도 그렇거든요. 그래서인지 즐겁게 일하다가도 한계점을 느끼고 자괴감이 올 때가 있어요.

저도 마찬가지예요. 너무 얕고 넓어서 그 깊이가 들통났다고 느낄 때 괴롭고 슬럼프가 옵니다. 하지만 그렇게 태어난 걸 어쩌겠어요. 경험상 욕심을 버렸을 때 좋은 결과가 나와요. 완벽하게 하려고 하면 너무 오래 걸리기도 하고요. 장인은 못 됐지만 대신 추진력은 자신 있어요.

오롤리데이, 소소접시, 다이브인브레드, 그리고 하마터면 와인 바까지. 너무 잘하려고 했다면 이 중 하나도 세상 빛을 못 봤을지도 모른다. 우리는 장인이 아닌 사람에게 박수를 쳐줘야 한다.

지금까지 해 본 일 말고도 관심을 두는 일이 있을 것 같은데요.
개인적으로 나이 들어서 상담사를 해 보고 싶단 생각을 합니다. 40대 중반 정도에 공부를 시작하고 싶어요. 공감 능력이 뛰어나고 예민한 성격이지만 동시에 상대방의 감정을 제 마음으로까지 가져와 품지는 않아서 괜찮을 것 같아요. 어릴 때부터 나이 불문하고 친구들 상담을 많이 해 줬어요. 해결책을 제안하는 일을 좋아해요.

제품 자체도 중요하지만 브랜드를 이끄는 사람을 보고 구매 욕구가 생기기도 해요. 역시 투표적 소비는 신뢰와 공감을 바탕으로 이루어지는 것 같아요. 특히 롤리는 대중과 허심탄회하게 소통을 하잖아요. 솔직하고 긍정적인 내용이 눈에 띄어서 인스타그램에 업로드되는 글을 자주 엿보곤 했어요.
사람들에게 긍정적인 영향을 주었을 때 성취감을 가장 많이 느껴요. 신

제품을 만들거나 매출이 오르는 것보다 훨씬 더요. 머리카락을 길러서 기부를 하거나 면 생리대를 쓴다든지 하는 행동을 전파하고 좋은 피드백을 받으면 정말 기뻐요. 사업을 확장할 때, 단지 내가 하고 싶은 일들을 하는 것뿐인데 돈독 오른 사람처럼 보일까 봐 걱정이 많았어요. 추구하고 싶지 않은 이미지인데 그렇게 보일 수도 있겠다는 생각이 드니까 너무 괴롭더라고요. 그런데 어느 날 샤워하던 중 문득 이런 생각이 들었어요. 설령 욕심쟁이 이미지가 생기더라도 제가 꾸준히, 열심히 하면 진심을 알아줄 거라고요. 하고 싶은 걸 참으면 계속 미련이 남고, 어차피할 거라면 빨리 경험하는 게 좋다고 생각해요. 그 과정을 통해 저는 계속 성장할 거고요. 그런 생각에 이르고 나니 스스로에게 더욱 당당해질 수 있었어요.

Oh, Lolly Day!

진심과는 별개로 모든 사람에게 좋은 이미지로 남기는 어렵죠. 넘치는 정보 속에서 대중은 표면적인 것에 빠르게 반응하기도 하고요. 한편 좋은 사람이 된다는 건 에너지가 필요한 일인데 어떻게 채우나요?

피드백이 좋으면 그걸로 다 채워져요. 성인이 될 때까지 힘든 일을 많이 겪어서 그런지 현재 삶에 대한 만족도가 굉장히 높아요. 지나고 나니 할 수 있는 얘기지만 내게 일어난 모든 일이 거름이 되는구나 싶어요. 웬만한 일에는 끄떡없어요. 하지만 워낙 사람이 중요하다 보니 사람에게서 받는 상처는 아무리 작아도 오래 남네요.

자신의 모든 경험과 철학이 오롤리데이 제품에 한가득 묻어 있어요. 사람들이 마음을 주는 이유를 알 것 같아요.

아까 말씀하신 다이어리 문구 있잖아요. 그 자리에 단순히 'Memo'라고 쓸 수도 있거든요. 하지만 위로는 정말 말도 안 되는 포인트에서 받는 거라서요. 그렇게 은연중에 사람들에게 다가가는 브랜드이고 싶어요.

이미 그러고 있는걸요. 크든 작든 자기만의 브랜드를 시작하고 싶어 하는 사람들이 많은데, 해 줄 이야기가 많을 것 같아요.

실제로 물어보는 사람들이 많아요. 저는 무조건 응원하기보다는 현실적으로 조언하는 편이에요. 오롤리데이를 시작했을 때보다 시장이 훨씬 더 치열해졌어요. 돈이 목적이라면 그림만 그려서 팔아도 잘 벌 수 있을지 몰라요. 하지만 브랜드를 만드는 건 다른 차원의 일이에요. 누구나 로망을 품을 수 있지만 현실은 상상과 전혀 다르거든요. 그럼에도 불구하고 견뎌 낼 자신이 있다면 도전해 봐도 좋아요. 그리고 조언을 구하기 전에 스스로 공부해 보길 권해요. 직접 부딪쳐본 경험은 어떤 수업과도 바꿀 수 없거든요.

Oh, Lolly Day!   **157**

우연이라는 표현으로 그간의 노력이 희석될까 조심스럽기도 하지만 오롤리데이에는 우연으로 생긴 일들이 많은 거 같아요. 주먹을 쥐기보다 손바닥을 펼쳐서 주고받는 브랜드라는 느낌이 들어요.

사실 다 우연이에요. 계획한 것은 하나도 없었어요. 하지만 우린 겁도 없고 항상 열려 있기 때문에 기회가 오는 거 같아요.

좋아하는 일을 하면 막상 즐거운 순간보다는 힘든 시간이 더 길다. 생각보다 훨씬. 엄마와 아이가 맛있게 밥을 나눠 먹는 모습에 취해 새벽부터 장을 보고, 메뉴를 개발하고, 치솟는 물가와 싸우고, 갖은 노동을 감내한다. 사람들의 가방 속과 책상 위를 은은하게 밝혀 줄 도톰한 종이 뭉치, 반짝이는 배지를 만들기 위해 발품을 팔고, 공장 사람들과 싸우기도 하고, 밤새 제품을 포장한다. 그럼에도 불구하고, 모든 걸 감내하고, 그러니까 불안정한 생계유지와 아슬아슬한 로망 사이에서 꿋꿋하게 버티는 이유는 단 하나, '하고 싶으니까'. 박신후는 해야만 하는 사람이었다. 지금이 아니라면 언젠가는 할 것이다. 그러니 언젠가가 아니라 지금 하기로 결심한 것이다. 그 모든 고민과 설렘, 자괴감과 호기심의 결과가 상계동 골목골목을 채우고 있다.

박신후는 소소접시가 있던 자리에 낫론리비해피어라는 공간을 새로 열었다. 혼자, 또는 둘이 조용하게 책을 읽거나 작업을
하며 차와 와인, 간단한 음식을 즐길 수 있는 아늑한 곳이다. 상계동에 오롤리데이의 세계관이 형성되고 있다는 인상을 받았
다. 2020. January

BRAND INFO

HOMEPAGE: oh-lolly-day.com
INSTAGRAM: @ohlollyday / @happiershop_byold / @notlonely_behappier

Oh, Lolly Day!

대자연은
누구나 좋아합니다

웜그레이테일
Warmgrey Tail

일러스트레이터 김한결 + 아트 디렉터 이현아

About

김한걸 작가와 이현아 디렉터의 일러스트레이션 브랜드. 대자연을 주제로 간결하고 볼드하게 그려 낸 것이 특징이며, 두 사람의 세련되고 유머러스함이 그림에 고스란히 묻어나 더욱 매력적이다. 망원동의 작업실을 쇼룸으로 오픈하면서 일러스트가 담긴 리빙 굿즈를 판매하며 소비자와 활발한 교류를 이어 가고 있다.

원숭이가 만세를 하고 있다. 물개들은 가지런히 누웠고, 곰 세 마리가 뒹굴고 있다. 각 동물을 표현하는 몇 개의 선이나 점이 없었더라면 페인트 덩어리처럼 보일 수도 있을 그림들이다. 아이들의 것이라고 생각되는 순간 어른의 멋이 느껴지고, 따뜻하고 정감 있다고 느껴지는 순간 시크함이 뚝뚝 떨어진다.

온라인에서만 지켜보던 웜그레이테일Warmgrey Tail이 망원동에 쇼룸을 오픈했다는 소식에 신이 났다. 많은 제품을 한 번에 볼 수 있고, 브랜드 고유의 정취를 만끽할 수 있으며, 그 뒤에 숨은 작업자를 직접 만나 대화를 나눌 수도 있을 것이다. 망원시장의 닭강정과 꽈배기의 유혹을 뒤로하고 쇼룸에 찾아갔다. 입간판이나 안내가 없어서 잠시 헤매다, 두어 번 지나친 건물 2층에 올라 전화를 거니 김한걸 작가가 고요함 속에서 걸어 나와 문을 열어 주었다. 햇빛이 숨은 오후, 쇼룸 곳곳에는 주황빛의 등이 켜졌고 숨소리 하나 나지 않는 공간을 온갖 동물들의 몸짓이 한가득 메우고 있었다. 영화 〈박물관이 살아 있다〉처럼, 문을 닫고 자리를 비우면 우리는 영원히 모를 무슨 일이라도 일어날 것 같이.

브랜드명이 웜그레이테일이면 따뜻한 회색 꼬리라는 뜻이겠네요.

이현아(이하 현) 15년째 고양이와 함께 살고 있어요. 온몸이 회색인 러시안 블루와 얼굴이 회색인 블루포인트 샴고양이예요. 꼬리는 두 마리 모두 회색이고요. 몽글몽글한 꼬리의 느낌이 좋아서 웜그레이테일이라는 이름을 짓게 됐어요.

김한걸(이하 걸) 이름 짓는 데만 2년이 걸린 셈이죠. 브랜드를 준비하는 내내 고민했으니까요.

2년 동안이나 준비했다니, 그간 고민이 많았던 거겠죠?

걸 2013년에 결혼하면서 현아 씨에게 회사 그만두고 같이 일하자고 제안했어요. 그리고 2015년 가을에 브랜드를 론칭했습니다. 오랫동안 제 브랜드를 만들고 싶었어요. 상투적인 얘기일 수 있지만 10년이 넘도록 클라이언트 작업을 하면서 공허함을 느꼈어요. 일정은 항상 급하고, 열심히 해도 좋은 소리는 거의 듣지 못했고요. 피드백은 부정적일 때만 와요. 담당자는 결정권자가 아니기 때문에 함부로 좋다는 얘기를 할 수 없거든요. 일이 다시 들어오면 반응이 좋았다고 추측할 뿐이죠.

현 저는 광고 대행사에서 일했는데, 걸 작가가 우리의 일을 하자고 저를 계속 설득했어요. 회사 일이 힘들어서 그만둔 건 아니에요. 힘든 걸로 따지면 지금이 배는 더 힘들어요. 하지만 대행사 일은 수명이 짧아요. 여성 직원도 많고 복지도 좋은 직장이었지만 우리의 일을 하는 게 미래를 생각했을 때 비전이 있겠다고 판단한 거죠. 처음에는 무슨 일을 해야 할지 갈팡질팡했어요. 고민 끝에 그림으로 제품을 만들게 됐어요.

둘 중 한 명은 안정적인 직장에 다니는 방법을 택할 법한데. 바로 우리 부부가 그렇다. 그리고 내가 불안정한 쪽이다. 불안정함을 함께 나눌 수 있는 것이 더 파트너다운 걸까. 진심으로 궁금해졌다.

걸 그림 작업과 동시에 브랜드를 운영할 생각을 하니 혼자서는 여력이 안 되겠더라고요. 매출이 없는 상황에서 동업자를 찾을 수도 없고 월급을 줄 수도 없고. 아내밖에 없었어요. 가장 현실적인 판단을 한 거죠.

이 지극히 현실적인 남자는 동업 제안을 프러포즈와 함께 했다는 후일담을 들려주었다. 그만큼 배우자인 이현아를 신뢰하고 있다는 뜻이기도 했다. 보기보다 낭만적이다. 내가 웜그레이테일에 관심을 두기 시작한 데는 고양이가 한몫했다. 고양이가 노는 동영상에 투자하는 시간만 아껴도 나의 아침이 조금 덜 피곤할지 모르겠다. 아니다. 고양이가 주는 행복감은 그렇게 쉽게 교환할 수 있는 것이 아니다.

Warmgrey Tail

고양이를 엄청 좋아하는데, 고양이 얘기 조금 더 해 주세요.

현 고등학교 때부터 혼자 살아서 그런지 외로움을 타는 편이에요. 처음엔 강아지를 데려왔는데 한 달 만에 별이 되었어요. 마음고생이 컸고, 반려동물의 존재에 대한 생각이 많아졌죠. 걸 작가는 고양이가 얼마나 귀여운지 아냐고 하면서도 손이 많이 가고 생명을 책임지는 일이니 데려오지는 말자고 했어요. 하지만 결국 고양이와 지내게 됐고, 오히려 한 마리 더 키우게 됐네요. 저희가 미대생이다 보니 직업병처럼 아이들의 털 색깔을 색연필 세트에서 찾아내서 부르곤 했어요. 애는 웜그레이 75%, 애는 더티 화이트.

고양이들의 이름도 특이하던데요.

현 야스는 일본 만화 〈나나〉에 나오는 드러머 이름이에요. 제가 좋아하는 캐릭터예요. 아짱이는 아장아장 걷길래 아짱이라고 지었어요. 고양이는 강아지보다 독립적이라더니, 버거울 정도로 애교가 많아요.

이현아가 고양이 자랑에 눈을 반짝이는 내내 김한걸은 한마디도 보태지 않았다. 작가가 앉아 있는 바퀴 달린 사무용 의자가 좌우로 빙글빙글 돌았다. 이현아는 잠깐 김한걸의 표정을 살피더니 익숙하다는 듯이 한마디 내놓았다.

현 제가 대답을 길게 한다고 걸 작가의 표정이 좋지 않네요.
걸 질문이 짧은데 얘기를 많이 하니까 그렇죠. 오전에 다른 인터뷰가 있었는데 그때도 에디터가 질문한 것보다 더 많은 대답을 하는 거예요. 에디터는 점점 관심 없어지는 것 같던데.

"아니야"라고 이현아가 반박했다. 이현아가 맞다. 인터뷰이가 이야기하는 걸 좋아하면 에디터는 신이 난다. 하지만 이렇게 옆에서 가감 없이 속내를 비추는 파트너가 있다면 더욱 재미있어진다. 부부이자 파트너인 김한걸과 이현아의 대화는 녹음되고 있는 인터뷰의 울타리를 넘고 있었다. 녹음이 아니라 녹화였다면 더 좋았을 텐데. 둘은 마치 어떤 이야기가 실려도 우리는 우리라는 것처럼, 평소에 숨 쉬듯 티격태격하는 모습을 고스란히 드러내었다. 김한걸이 시니컬하게 한마디 던지면, 이현아는 발랄하게 탁구공을 쳐 내듯 그의 말을 받아 주었다. 그 모습이 재미있고 귀여워서 자꾸만 눈빛에 미소가 지어졌다.

두 분의 성향이 한눈에 봐도 달라 보이는데, 충돌이 있는 만큼 시너지 효과도 크겠어요.

현 저희는 흑과 백 수준이죠.

걸 하루도 빠짐없이 부딪쳐요. 의견이 다른 경우가 많은 데다 어느 쪽도 쉽게 물러서지 않거든요. 완성도를 추구하는 분야도 다르고요. 예를 들어 SNS에 게시물을 올릴 때 현아 씨는 섬네일에서 보이는 이미지의 순서, 사진의 완성도, 말투, 이모티콘 모두 신경 쓰는데 저는 그 정도까지는 디테일하게 못 봐요. 반대로 쇼룸의 경우, 저는 꼼꼼하게 잘 정비한 후에 열고 싶은데 현아 씨는 일단 오픈부터 해야 한다고 주장하고요.

현 쇼룸은 인테리어 공사를 마무리한 후로도 1년 동안 오픈하지 못하고 있었어요. 쇼룸 운영을 위해 직원까지 채용한 상황이라 더는 미룰 수 없었고 오픈 후 차차 완성도를 높이는 것이 현실적이라 생각했죠. 그림에 있어서도 걸 작가가 큰 틀을 그린다면 저는 디테일에 신경을 많이 써요. 눈 크기나, 고개의 각도 같은 거요. 예를 들면, 〈헬로 아울스Hello Owls〉라는 고개를 갸우뚱하는 올빼미 그림이 있는데 처음에는 새의 머리가 180도 돌아가 있었어요. 그대로 출시했다면 무섭다는 반응이 있었을지도 몰라요. 지금도 그 그림은 호불호가 있거든요.

걸 입시 학원 선생님 같죠?

광고 일을 해서 그런가요?

현 맞아요. 걸 작가는 작가 성향이 강하고, 저는 사람들의 반응에 대한 고민이 많아요. 하지만 각자 적중률이 절반씩 되다 보니 결국 서로 인정할 수밖에 없게 되더라고요.

걸 완전히 수평적인 구조로 일하니 서로가 서로의 상사인 셈입니다.

170

서로의 의견을 조율하는 시간이 있어서 제품 하나가 완성되어 출시되기까지 시간이 오래 걸리나 봐요.

현 물론 의견을 조율하는 시간도 있지만, 기본적으로 샘플을 오래 두고 봅니다. 컵 하나 출시하는 데 8개월이 걸렸어요. 패브릭도 그 정도에 걸쳐서 제작하고요. 늘 그런 식이에요. 저희가 다른 건 몰라도 완성도에 대한 생각은 일치하거든요. 제품 자체의 퀄리티는 절대 타협이 안 돼요. 그래서 웜그레이테일에는 별도의 시즌이 없어요. 일정을 맞출 수 없어서요.

걸 처음에는 정말 고생했어요. 종이를 정하는 것만 6개월이나 걸렸어요.

현 발색이 중요하니까요. 저희가 만족할 만큼 색을 표현해 줄 수 있는 종이를 찾아야 했거든요.

놀랐다. 종이 고르는 데 반년이 걸릴 정도의 세심함이라니. 나처럼 성미가 급한 사람은 엿새가 채 되기도 전에 결정해 버리고 후회는 미래의 나에게 맡겨 놓았을 것을, 누군가는 이렇게 완성도 높은 브랜드를 만들어 낸다. 느린 것 같지만 사실은 빠르다. 나중에 겪을 시행착오를 미리 앞당겨 해결하는 격이니. 흔하디흔해서 가볍게 취급되는 종이. 하지만 종이만큼 섬세한 재료도 없다. 게다가 같은 그림이라 할지라도 사이즈, 용도마다 다른 종이를 골라야 했을 것이다. 끝이 아니다. 신중하게 고른 컬러와 재료가 인쇄할 때마다 다르게 출력된다. 김한걸은 인쇄물이 프린터에서 나오는 순간에도 색깔이 변한다면서, 조금 알 것 같으면 어느 순간 뒤통수치는 게 인쇄 작업인 것 같다고 신입 같은 표정을 지었다.

구름이 햇빛 앞을 기웃거리는 사이사이, 쇼룸 곳곳에 놓인 유리컵의 가장자리가 반짝였다. 금색으로 인쇄가 된 작은 글씨와 그림들, 사방에 걸린 발랄한 배색의 각종 포스터가 흐린 공간 안에서 더욱 빛을 발했다. 찬찬히 살펴보니 모양이 긴 유리컵, 손잡이가 달린 작은 유리컵, 뽀얀 색의 머그 컵, 발랄해 보이면서도 단단한 법랑 컵이 보였다.

포스터나 엽서 외에 컵이 많이 보여요. 배지나 가방 같은 아이템도 있을 텐데 이렇게 품목을 구성하는 이유가 있나요?

걸 이것저것 다양하게 시도해 보고 있는데, 기대만큼 구현되는 것만 놓고 보니 자연스레 컵 종류가 많아졌어요. 대부분이 만드는 휴대폰 케이스가 생각보다 어렵더라고요. 옆면에 그림이 늘어져서 인쇄돼요. 왜 그런 건 미리 알려 주지 않는 걸까요? 여러 시행착오를 겪었죠. 그리고 가방 제작은 오래전부터 하고 싶었는데 생각대로 만들어 줄 수 있는 공장을 찾기가 쉽지 않아요.

특히 더 어려운 작업이 있다면요?

현 자수가 놓인 이불을 꼭 제작하고 싶은데 번번이 원하는 대로 나오지 않아요. 샘플을 몇 번 만들어 보면 나아질 줄 알았는데 그렇지 않더라고요. 한 시간 걸릴 것을 4~5시간에 걸쳐서 만들면 가능해요. 하지만 선뜻 그렇게 해 줄 공장이 있나요. 다행히 최근에 한 군데 찾아서 다시 시도해 보려고 해요.

문득 이현아의 SNS에 업로드된 자수 실패작이 떠올라 실소를 터뜨리고 말았다. 웜그레이테일의 곰 그림을 자수 놓은 샘플이었는데, 너무 작은 나머지 까만 눈 두개가 서로 연결되어서 나왔다. 그걸 보고 이현아는 곰이 선글라스를 꼈다고 표현했다. 힘든 와중에도 재미를 찾는 사람이구나 싶었다.

Warmgrey Tail

고된 작업이어도 브랜드를 운영하면서 무엇을 하든 손에 남는다는 느낌이 들겠어요. 언제 가장 뿌듯하세요?

현 손님들이 직접 방문할 때요. 쇼룸을 우연히 들를 수 있는 환경이 아니어서 주로 웜그레이테일을 아는 손님들이 방문하는데 이미 저희 제품을 갖고 있는 경우가 많아요. 자기 전에 그림을 보면 잠이 잘 온다는 등 긍정적인 피드백을 주곤 하는데, 너무 기뻐서 없는 그림을 만들어 드리기도 했어요. 엽서로만 제작되는 그림인데 손님 집에 잘 어울릴 것 같아 포스터로 만들어 드린 적이 있어요.

걸 일은 제가 하고, 생색은 자기가 내고.

현 그림을 보고 좋아하는 사람들의 모습을 마주하고 그제야 이 일의 목적을 알게 됐어요. 걸 작가 취향이 유독 담백한 편이라 브랜드 소개에 감성적인 표현이 하나도 없거든요. 기름기 쏙 빼고 저희가 할 수 있는 일을 한 건데 그 의미를 알게 된 것 같아서 좋아요.

작업에 지치지 않을 것 같아 대자연을 주제로 그림을 그린다는 웜그레이테일. 처음에는 소비자가 오래도록 소장할 수 있도록 타임리스 디자인을 지향하는 건가 싶었다. 많은 창작자가 그러니까. 그래서 특별한 느낌을 받지 못했는데 웬걸, 소비자가 아닌 작업자 입장에서 지겨워하지 않고 꾸준히 작업할 수 있는 주제를 찾은 거란다. 김한걸의 성격이 그려지는 대목이었다.

걸 프리랜서로 오래 일했는데 어떤 소재나 스타일이든 금방 질렸어요. 자연과 동물은 늘 사람의 곁에 존재하기 때문에 쉽게 싫증 나지 않고, 브랜드를 만들기에도 호불호가 별로 없어요. 굉장히 독특한 것보다는 누구나 즐기고 좋아할 수 있는 걸 그려 보자 했습니다.

Warmgrey Tail

작가님의 개인 홈페이지를 봤는데, 그림체 변천사가 눈에 보였어요. 초기에는 뚜렷한 아이덴티티를 못 찾았고, 중기에는 라인을 중심으로 그림을 채우는 것 같은데 점점 현재의 볼드하고 자유로운 형태로 진화하더라고요. 아이덴티티를 찾게 된 과정이 어땠나요?

걸 당시에는 몰랐지만 돌이켜 보면 단순화해서 표현하는 것에 재미를 느꼈어요. 고등학교 때 크로키, 소묘, 수채화 등 다양한 수업이 있었는데 크로키가 가장 재미있고 성적도 잘 나왔어요.

현 개인적으로 걸 작가의 작업 방식을 좋아해요. 한번 보고 나면 비슷해지기 때문에 다른 작가의 일러스트는 참고하지 않아요. 그 대신 실물 사진을 연구하고, 동물을 관찰한 후 특징을 짚어 내서 단순화하는 능력을 갖고 있어요.

걸 개인 홈페이지에 올린 작업은 약 10년 정도에 걸친 것들입니다. 현재 지향하는 스타일만 보여 줄 수도 있지만 제가 이렇게 살았다고 공유하고 싶었어요. 어릴 때는 제 아이덴티티가 명확하지 않았고, 취향이 있다한들 주장할 힘도 없었어요. 전 못 하겠다는 말은 하지 않았어요. 클라이언트가 외국 작가 레퍼런스를 가져오면 일단 그려요. 그나마 인지도가 생기면서부터 좀 더 존중하고 맡겨 주는 편이에요.

지금도 클라이언트 일을 많이 하나요?

걸 굉장히 많이 해요.

현 굉장히까지는 아니죠.

걸 작년에 정말 많이 했는데.

현 아, 작년엔 그랬죠.

걸 이것 보세요. 뼈가 휘게 일해도 알아주지 않는다니까요.

현 제 말은, 예전에는 일의 종류가 많았다면 지금은 굵직한 작업만 한다는 거였어요.

걸 아니에요. 물론 양으로 따지면 줄어들긴 했지만 그야말로 생계를 위한 작업도 있어요. 홈페이지에는 엄선해서 올리는 거예요.

현 그리고 그런 일을 점차 하지 않는 게 걸 작가의 목표입니다.

두 분을 인터뷰하니 묘한 위트가 느껴지는데 그림에도 고스란히 묻어나서 피식 웃게 해요.

걸 제 성격이 시니컬한 편인데 저도 모르게 그림에 나타날 수도 있겠네요.

현 간혹 웃음이 터지는 그림들이 있어요. 물개 두 마리가 누워 있는 그림을 처음 봤을 때는 눈물까지 흘리면서 웃었어요. 제가 웃기다고 생각했던 그림들이 소비자들에게도 반응이 좋은 것 같아요. 웃기기보다는 기분 좋다고 느끼겠죠.

언뜻 보기에는 쉽게 그린 것 같지만 그렇지 않겠죠. 친근하고 접근하기 쉬운 그림인데 표현 방법이 과감해요. 대중적이다가도 한편으론 마니아적 성격을 띠는 것 같고요.

걸 그림 자체는 후루룩 그린 게 맞는데 그 과정을 수십 번 반복해서 가장 좋은 걸 선택해요. 쉽게 그렸다고 생각하는 게 아주 틀린 건 아닙니다. 그림 주제로 대자연을 택한 것은 대중적인 결정이지만 그것을 표현하는 스타일에 있어서는 어느 쪽인지 판단이 서지 않아요. 사람들이 어떤 그림을 집에 걸고 싶어 하는지, 특히 초반에는 전혀 알 방법이 없었고요. 그런데 리빙디자인페어에서 많은 분이 웜그레이테일을 알고 찾아 준 것에 조금 놀랐어요. 굉장히 대중적인 행사잖아요.

현 개인적으로 처음에 그림을 접했을 때는 개성이 강하고 대중적이지 않은 느낌이었어요. 곰 한 마리가 캔버스를 가득 채우고, 새까만 다람쥐 얼

Warmgrey Tail

굴에, 너무 과감한 건 아닐까 우려했죠. 반면에 치타 그림은 반응이 아주 좋을 것 같다고 생각했어요.

내가 과감하다고 느낀 그림은 〈스몰 앤 빅Small & Big〉이었다. 진한 남색 물감을 두꺼운 붓으로 그린 것 같은 질감의 그림이다. 누가 봐도 토끼와 곰인데, 평소 알던 것과 달랐다. 그 야말로 토끼와 곰이라는 걸 알아차릴 수 있을 정도의 힌트만 꽉 차게 담아 두었다. 친절하다고는 할 수 없는 표현 기법이라 마이너 감성이라고 생각했고, 그래서 더욱 매력적으로 다가왔다. 언젠가 웜그레이테일의 그림을 집에 걸어 둔다면 이것이겠구나, 예감했다.

현 저도 〈스몰 앤 빅〉을 보고 매력적인 동시에 마이너하다고 느꼈고, 소비자들은 과연 어떨지 궁금했는데 의외로 출시하자마자 반응이 매우 좋았어요. 소비자의 마음은 알다가도 모르겠어요.

걸 눈, 코, 입이 없어서 과감하다고 느끼는 걸까요? 막상 그림을 그린 저는 어떤 면이 과감하다는 건지 잘 모르겠어요. 현아 씨는 그 그림을 좋다고 하면서도 계속 출시를 미뤘어요. 〈스몰 앤 빅〉뿐만 아니라 〈도토리 라이프Dotori Life〉도 마찬가지였어요. 현아 씨가 왜 눈을 그리지 않냐고 해요. 눈에는 감정이 실리잖아요. 그런 여지를 배제하고 싶은 그림들이 있어요.

흔한 소재를 흔하지 않게 표현한 것만으로도 과감하게 다가온다. 얼굴도 없는 동물을 두꺼운 선으로 캔버스 한가득 그려 넣은 게, 마치 기분 좋게 취하고 영감이 막 떠올라서 붓을 놀린 것 같은 느낌을 준다.

쇼룸이기 전에 둘의 작업실이었을 공간. 채광이 좋은 그곳은 이제 웜그레이테일을 아끼는 모두를 위한 쇼룸이 되었다. 제작자들을 만나려면 까만 곰이 지키고 있는 나무 문을 밀어야 한다. 그 안에는 웬만한 책상보다 큰 플로터 프린터가 한가운데에 놓여 있고, 아마도 곧 출시될 갖가지 물건들이 사방의 선반과 테이블 위를 가득 메우고 있었다. 사무실보다는 창고 같은 분위기다. 백스테이지는 언제나 그렇다. 차가운 철제 선반들과 기계들로 가득 차 있지만 후끈하다.

작업실을 쇼룸으로 공개하게 된 이유가 있나요?

걸 다들 하고 싶어 하는 것 아닌가요? 오프라인 숍 몇 군데에 웜그레이테일이 입점되어 있지만 저희가 제품을 능동적으로 제안할 수 있는 공간이 필요했어요. 온라인 숍만 운영할 때는 사소한 부분이라도 촬영을 해야 하는 등 일이 많았는데 이제는 쇼룸에 내놓고 테스트할 수 있어서 효율적이고 좋아요.

그런데 왜 간판이 없나요?

걸 제품이 늦게 나오는 것과 같아요. 어떻게 디자인할지, 얼마나 노출할지 고민하고 있어요. 가오픈 기간에 피드백을 받는데 일단 입간판 정도 세워 둘 계획이에요. 아무것도 걸고 싶지 않았지만 애정을 갖고 일부러 방문하는 손님들조차 찾기 힘들어하시니 죄송하더라고요. 쇼룸을 오픈하니 좋은 점은, 작더라도 대부분 구매로 이어져요. 목적을 갖고 방문한 거니까요. 손님 한 명, 한 명에게 더 신경 쓸 수 있는 환경이 조성돼요.

현 그리고 손님들이 그림을 오래 관찰합니다. 엽서 한 장을 사더라도 한 참을 보고 구매해요.

온라인 운영에서 오프라인 운영까지 어떤 차이와 변화가 느껴지나요?

걸 확실히 매출에 영향이 있어요. 손님들이 물밀듯이 찾아오지 않아도요.

현 쇼룸을 열기 전, 땡큘시장이나 리빙디자인페어에서 소비자들을 만나 왔기 때문에 만남 자체가 완전히 새로운 건 아니에요.

184

전에는 없던 부분들이 필요해졌을 텐데요.

걸 패키지를 만드는 데 오래 걸렸어요. 부수적인 부분이지만 놓칠 수 없었죠. 그런 디테일도 만족해 주시면 기분이 좋더라고요. 특히 포스터를 담는 봉투는 기성품을 쓰지 않고 직접 제작했습니다. 이 역시 종이를 고르는 데 한참 걸렸어요. 봉투만 따로 판매하지 않는지 묻는 손님들도 있어요.

그 포스터 봉투를 보여 달라고 했다. 도톰하고 텍스처가 살아 있는 미색 종이에 검은색 그림이 곱게 인쇄되었고, 중앙에 보일 듯 말 듯 웜그레이테일의 작은 이름이 금박으로 찍혀 있었다. "봉투 비용만 해도 만만치 않겠어요. 마치 LP판 커버 같네요, 조금 크지만." 이 정도의 감상만 말했지만 사실 더 이상 호들갑을 떨 수 없었다. 이곳에서는 포스터를 사면 작품이 한 장 더 생긴다.

예전 인터뷰를 찾아봤는데 앞으로의 계획을 물으니 '재물과 명예 사이에서 갈팡질팡하고 있다, 돈 많이 벌어서 일을 그만두고 싶다'라는 답변에서 혼자 웃었어요.

결 웃자고 하는 얘기 맞아요. '돈 많이 벌면 그만두고 싶다. 못 벌겠지, 계속해야겠지.' 하는 마음이었어요.

소규모의 자영업은 언제나 재정적인 어려움과 마주하죠. 외주 작업과 병행하고 있지만 웜그레이테일만으로 유지하고 싶은 마음이 클 것 같아요.

결 저희가 생각하는 지점이 있어요. 그 지점이 되면 웜그레이테일만으로 먹고살면서 월급도 줄 수 있을 거예요. 현재 직원은 세 명이고, 사무실 두 곳, 창고 한 곳 이렇게 운영하거든요. 그런데 제조업이다 보니 매출이 오르는 만큼 재투자해야 하는 부분이 커요.

현 결 작가 홀로 그림을 그리고 있는데 나이 들어서도 계속할 수 있을지가 저의 고민입니다. 작가가 나이 들면 브랜드도 노화되는 거 아닌가 싶어서요.

그것이야말로 브랜드 고유의 스토리가 생기는 것이 아닐까요?

현 그래서 계속 결 작가에게 그림책 쓰기를 권유하고 있어요. 그림만 그리는 게 아니라 글도 잘 쓰거든요. 시니컬하고 재미있게 써서, 어른들을 위한 그림책을 만들 수 있을 것 같은데.

결 언젠가는 사업보다 작업실에서 그림 그리고, 그림책도 만들면서 살고 싶다는 마음이 항상 있어요. 조금은 먼 계획이지만. 재물과 명예를 얘기한 것도 이걸 염두에 두고 한 말입니다.

그림책이 재물과 명예를 가져다줄 수도 있죠.

걸　물론 그런 사람들도 있지만 저는 아니라고 생각해요. 스스로 특별하거나 차별화된다고 여겨 본 적이 없어요. 게다가 요즘에는 그림 그릴 때 사용하는 툴도 비슷해서 그림 스타일도 어쩔 수 없이 비슷해질 수밖에 없어요. 가끔 지인들이 제 작업을 카피한 것 같다고 다른 작가의 그림을 보여 주는데, 그런 그림을 그리는 사람이 천 명은 더 있다고 얘기해 줘요. 전 정말 평범하고, 제 그림을 그릴 뿐이에요.

겸손한 것인지 현실적인 것인지, 꼭 이런 사람들이 소위 '대박'을 친다. 김한걸처럼 말이다. 그렇게 얘기했더니 믿지 않았다. 하지만 기다려 보면 알 일이다. 김한걸의 그림이 얼마나 배를 두둑이 불려 줄지. 대화가 마무리될 즈음 사무실 창문 밖으로 해가 서서히 지는 게 보였다. 퇴근 시간이 지난 저녁, 지하철역으로 향하는 길에 위치한 망원시장은 아까보다 더욱 활기를 띠고 분주한 모습이었다. 토박이부터 이방인까지 다양한 목적으로 찾는 동네 망원동. 그 매력적인 신Scene을 이루는 골목 한자리에서 웜그레이테일이 하루를 마무리하고 있었다.

우리는 무언가를 좋아하고 동경하고 응원하면서도 그 이유를 정확히 알지 못하는 경우가 대부분이다. 그래서 그들의 이야기에 자꾸 귀를 기울이고 싶어진다. 아이들 방에 걸어 두기에 멋진 그림이라고 생각했던 웜그레이테일. 어쩌면 어른이 된 마음을 도도하게 간지럽히는 동물들의 모습에 더 끌렸는지도 모르겠다.

BRAND INFO

HOMEPAGE: warmgreytail.com
INSTAGRAM: @warmgreytail

Warmgrey Tail

한국 차를 중심으로 전파하는
라이프 스타일

티컬렉티브
Tea Collective

대표 김미재

About

크리에이티브 스튜디오 아트먼트뎁Artment.dep에서 오픈한 티 카페. 한국의 질 좋은 차를 국내외로 소개한다. 전통차를 해석한 방법이 매우 감각적이며 디테일이 살아 있는 공간에서 차에 대한 경험을 새로이 할 수 있다. 삼성점에 이어 잔잔한 분위기의 청담점을 오픈했고, 최근에 문을 연 킨포크 도산에서도 티 라운지를 만나볼 수 있다.

건물을 찾지 못해 두리번거리고 있으니 주차장 옆에 서 계시던 아저씨가 반가운 목소리로 물어 온다. "어디 찾아요? 아트먼트?", "네!" 아트먼트뎁 손님 같아 보였을까? 괜히 기분이 좋아졌다. '친절한 경비원이 지키는 곳에 있구나.' 생각하며 엘리베이터에 올랐다.

사무실은 작지도 크지도 않았다. 다만 물건들이 가득했다. 책장에는 책이, 벽에는 각종 프린트물이, 곳곳에 티컬렉티브Tea Collective의 패키지와 제품들이 쌓여 있었다. 김미재의 책상이 입구 가까이에 분리되어 있었고, 네 명의 직원이 있다는 걸 암시하는 네 대의 아이맥i-Mac 데스크톱과 편의대로 고른 사무용 의자들이 전날의 바쁜 모습을 고스란히 유지한 채 서로 마주 보고 있었다. 조금 더 깊이 들어가니 사무 공간만큼 커다란 주방과 화장실이 숨어 있다. 저마다 개성 있지만 동시에 비슷한 부류의 사람들처럼 보이는 직원들이 나를 반겼다. "대표님은 조금 늦으신대요", "괜찮아요. 한숨 돌리고 있을게요." 티 카페를 운영하는 회사답게 차 한 잔과 말린 참외 한 접시를 내주었다. 얼마 만의 티타임인가. 지하철에서 읽다 만 예민함에 대한 심리학책을 펼치고 나만의 세상으로 들어섰다. 인터뷰이가 조금 더 늦어도 좋겠다는 생각이 들었다.

투명한 주전자에 붉은빛의 차가 우러졌다. 투박하고 작은 찻잔에 부어 한 모금 마셨다. "이거 무슨 차예요?" 과장이 아니라 태어나서 맛본 차 중 가장 풍부한 맛이었다. "홍도라지와 생강 블렌딩이에요." 도라지도, 생강도 그다지 좋아하지 않는데 온종일 마실 수 있을 것 같았다. 껍질과 씨 그대로 말린 참외와 궁합이 잘 맞았다. 아침을 거른 배 속이 따뜻하고 흡족하게 채워지고 있는데 김미재가 급한 발걸음으로 도착했다.

김미재와는 그간 여러 번 스친 적이 있었다. 브랜드 행사, 친구의 결혼식 등. 테이블 건너편에서 마주 보고 앉은 적도 있으나 낯을 가리는 성격 탓에 제대로 말을 걸지 못했다.

드디어 제대로 인사드리네요. 작년 연말에도 뵈었는데.

김미재 네, 몇 번 마주친 걸로 알고 있어요. 지인도 많이 겹치죠? 반가워요. 늦어서 죄송해요.

덕분에 편한 시간 즐기고 있었어요. 차가 놀라울 정도로 맛있어요. 티컬렉티브에서 판매되는 차죠? 어떻게 시작하게 된 일인지 궁금해요.

이 블렌딩은 조만간 출시할 계획이에요. 은근하게 달고 구수하죠. 아트먼트뎁이라는 디자인 스튜디오를 14년째 운영하고 있는데, 티컬렉티브는 4년 전에 신세계 백화점 컨설팅을 하면서 만들게 된 브랜드예요. 티 팝업 존을 제안하는 프로젝트였는데 마땅히 입점할 브랜드가 없었고, 모던한 티 브랜드를 만들고 싶다는 생각이 막연하게 있던 터라 직접 만들겠다고 용감하게 덤볐죠. 도쿄에서 자라고 런던에서 공부하면서 항상 차를 가까이했던 영향이 있지만 이렇게 사업을 확장할 거라고는 생각지 못했어요.

유명한 티 브랜드가 많은데 어찌 입점할 만한 게 없었을까요?

식물, 책, 요가 같은 콘텐츠와 함께 라이프 스타일을 제안하는 일이었는데 콘셉트에 어우러지지 않았어요. 외국 브랜드는 팝업 형식으로 진행하기 어려운 부분도 있고요. 무엇보다 한국 차를 정말 좋아해서 로컬 티를 다루고 싶었거든요.

보리차나 둥굴레차를 물처럼 자주 마시면서도 한국 차에 대한 인식이 거의 없었어요. 로컬리즘은 전통을 잇는 것과는 결이 좀 다르죠?

전통은 Local이 아니라 Tradition이죠. 현지 재료를 갖고 현대적으로 해석한 라이프 스타일을 제안하고자 하는 게 티컬렉티브의 궁극적인 목표

Tea Collective

입니다. 차는 주 콘텐츠이고, 그 외의 제품도 만들고 있어요. 방짜 기술로 만든 티스푼이라든지, 돌솥으로 만든 그릇이라든지. 전통을 기반으로 하되 현대 식탁에 잘 어울리는 형태로 재탄생시키고 있죠.

티컬렉티브의 차는 모두 경남 하동에서 직접 가져온다. 차밭으로는 보성 정도 알고 있었는데, 하동이야말로 한국의 첫 차 재배지라니 그 배경마저 신비롭다. 깨끗한 환경을 유지하기 위해 농장 근처에는 공장을 세우거나 가축을 기르지 못하도록 철저하게 관리되어 세계적으로 인정받은 청정 지역이라고 한다. 김미재를 비롯한 아트먼트뎁 직원들은 버스를 타고 하동으로 내려간다.

지금이야 이렇게 차를 유통하고 있지만, 그 과정이 쉽지만은 않았을 것
같아요.

특히 해외 매체와 인터뷰나 미팅을 하면 그 질문을 많이 받아요. 어떻게
디자인 스튜디오에서 농장과 거래를 하게 되었냐고. 하동군청에 찾아갔
는데, 그러지 않아도 차 비즈니스를 메인으로 다루고 있어서 젊은 사람
들의 방문이 반가웠던 모양이에요. 신세계 백화점이라는 접점이 일을
한결 수월하게 해 주기도 했고요. 젊은 농장주를 소개받았고 지금까지
거래하고 있어요.

농장주 분께도 새로운 경험이었겠어요. 디자인의 힘을 알게 되기도 하고.
맞아요. 같은 차를 다른 루트로도 판매하는데 티컬렉티브 매출이 훨씬
좋으니 놀라워해요. 현재 취급하는 메인 차의 종류가 녹차, 홍차, 호박,
감잎 등 총 여덟 가지인데 모두 한 농장에서 받고 있어요. 블렌딩까지 포
함하면 스무 가지 정도 됩니다. 코스Cos, 이솝Aesop, 매거진 B 같은 브랜
드와의 협업으로 새로운 블렌딩을 개발하기도 해요.

언제부턴가 감도가 좋은 브랜드의 행사에는 티컬렉티브가 있었다. 전시 오프닝, 시즌 프
레젠테이션, 팝업 스토어 등 재미있는 시간과 공간 안에. 그 시간, 그 공간에서만 맛보고
느낄 수 있는 유일무이한 차인 셈이다. 김미재는 브랜드를 전달하는 또 다른 감각을 만들
어 내는 일을 하고 있었다.

최근 차와 관련하여 각종 프로젝트가 많아져서 놀라는 중이에요. 타깃
에 맞는 차를 고려하고 손님들이 차를 고르는 변화를 지켜보는 것만으
로도 재미있고 신기합니다. 이전에는 유명 브랜드의 티백을 사용하는
정도였거든요. 저희는 디자인하듯이 차를 만드는데, 디자인 스튜디오이

기 때문에 할 수 있는 일이에요. 상대적으로 지식이 없기 때문에 가볍게 접근할 수 있거든요. 전통이 깊은 차 브랜드는 고정관념을 깨기 어려울지도 몰라요. 실제로 그런 브랜드와는 협업이 쉽게 이루어지지 않기도 하고요. 차 외에도 현지 재료를 이용한 음식과 디저트도 함께 세팅하는데, 매뉴얼 없이 그때그때 브랜드 아이덴티티와 맞는 형태로 풀어내는 게 저희 방식이에요.

창의성은 지식의 유무와는 별개다. 알면 아는 대로, 모르면 모르는 대로, 즐겁고 자유롭게, 좋아하는 방향으로 힘차게 하면 될 일이다.

해외 생활을 오래 해서 한국의 것에 관심이 많은가요?
한국에 있는 이들에게는 너무 당연한 것들이 저에게는 새롭게 다가왔어요. 티컬렉티브를 시작하기 전부터 외국에 한국 차를 알려야겠다는 생각이 있었습니다. 영국과 일본은 자신의 것들을 아주 잘 살리고 만드는데, 한국은 충분히 좋은 걸 갖고 있으면서도 포장을 못하는 점이 아쉬웠거든요. 종류에 있어선 제주 녹차보다 대용 차가 건강에 대한 관심이 높은 요즘 트렌드에 더 알맞다고 생각했어요. 차는 흔히 찾는 주스나 스무디보다 훨씬 오가닉 하고 효능이 좋아요. 잘 만들어서 도쿄나 로스앤젤레스 등 여러 도시에 보여 주면 분명 좋아할 것 같았어요.

대용 차란 무엇인가요?
잎차 외의 차를 대용 차라고 해요. 곡물, 과일, 야채 등을 이용해서 만들고 건강에 초점을 둔 차라고 생각하면 됩니다. 제 생각으로는 전 세계에서 한국이 가장 많은 종류의 대용 차를 보유하고 있어요. 계절과 체질에 맞는 차가 정말 많죠.

198

Tea Collective

차도 제철에 맞는 식재료인 셈이네요.

네. 그 점이 현재 식문화에 딱 들어맞아요.

붉은 차를 다시 입 안 가득 음미했다. 한 번 더 우렸는데도 처음의 맛이 희미해지지 않고 그대로 머물렀다. 꽃샘추위가 지난 계절을 붙들고 있는 3월, 달짝지근한 뿌리채소의 맛이 몸을 따뜻하게 데워 주었다. 몸과 마음이 즐겁고 편안한 행위. 이것을 왜 여태 모르고 살았을까, 우리 것인데.

제가 살아온 환경의 영향도 있지만 서양이나 일본풍 작업을 많이 해 왔어요. 외국에서 친구나 손님이 올 때 우리가 작업한 공간도 좋지만 보다 한국적인 곳들을 소개해 주곤 했는데 직접 만들고 싶은 욕구가 항상 내재되어 있던 것 같아요.

그런데 티컬렉티브의 공간은 그리 한국적이진 않아요.

트렌드에 민감한 카페를 만드는 게 목적은 아니지만 젊은이들이 편하게 차를 접하고 지속적인 소비로 이루어지게 하려면 전통찻집의 형태로는 힘들겠단 판단에서였어요. 백화점, 압구정 로데오 거리의 퀸마마 마켓, 청담동, 삼성동 등을 거치면서 저희 방식대로 풀어내다 보니 유럽, 일본, 한국적인 요소들이 뒤섞여 있어요. 어차피 저희가 전통찻집을 만드는 건 큰 의미가 없기도 하고요.

또 눈에 띈 점은, 녹차를 '그린티'라고 쓰지 않고 '녹-차'라고 쓴다는 것이다. 패키지에 차의 이름이 알파벳으로 적혀 있는데, 'Green tea'가 아닌 'Noc-cha'로 쓰여 있고, 'Pumpkin tea'가 아닌 'Hobac-cha'라고 명시되어 있다. 사소한 부분이지만 큰 차이가 느껴진다. 인상적이면서도 어딘가 귀여워서 미소가 지어진다.

한국에서는 그렇게 부른다는 걸 알리고 싶었어요. 해외에 나가면 중국 차나 일본 차밖에 볼 수 없고 호지차, 겐마이티 등 그들 식으로 이름이 불리는데 왜 우리는 감잎 차를 'Persimmon leaf tea'라고 번역해 주어야 하나요?

맞아요. 외국인들이 처음 한국 차를 접하면 반응이 어때요?
정말 생소해요. 우엉이나 옥수수수염을 보면서 도대체 어떤 재료인지 궁금해하고요. 맛을 보고 효능도 알게 되면 마치 세종대왕의 한글 창제를 천재적이라고 하듯 신기해합니다. 티컬렉티브의 유자차는 향이 매우 좋은데 향수로 만들어 줄 수 없냐고 묻기도 해요. 단순한 차보다 완전한 신세계로 받아들이는 것 같았어요. 한편 "한국에도 차가 있었냐", "일본 차 마시는 줄 알았다." 등의 반응도 있는데 그러면 저는 우리의 차 문화가 먼저 발달했다고 설명하면서 자부심을 느끼죠. 그랬더니 제가 국가의 지원을 받고 일하는 줄 알더라고요.

나라마다 고유한 차 문화가 있죠. 해외에서는 한국의 차가 어떻게 받아들여질지 궁금해요.
『시리얼Cereal』 매거진이 운영하는 프랑시스 갤러리에서 팝업을 열었던 적이 있습니다. 영국에서 살았지만 사실 런던은 전혀 염두에 두지 않았어요. 일본이나 로스앤젤레스, 런던보다는 파리라고 생각했는데 반응이 매우 좋더라고요. 제가 학생으로 있을 때보다 한국 문화에 대한 호감도가 높아져 있었어요. 그러고 보면 『시리얼』의 편집장도 한국계, 프랑시스 갤러리도 한국 공예를 중심으로 풀어내고 있네요.

Tea Collective

한국의 위상이 변하고 있다. 오래전, 외국에 나가면 종종 중국인이냐는 질문을 받았다. 아니라고 하면 일본인이냐고 되물었다. 역시 아니라고 하면 돌아오는 질문은 "그럼 어느 나라 사람이야?"였다. 한국이라고 대답하면 여지없이 "북한? 남한?"이었다. 지금은 그런 경우가 드물다. 서울은 단순한 도시 이름을 넘어선 하나의 문화 코드로 자리 잡고 있고, 해외에 가지 않아도 멋진 사람과 사건들이 이곳을 찾아온다. 문화생활을 마음껏 즐긴 날에는 이대로 한국에 계속 머물고 싶다는 뿌듯함이 밀려오기도 했다. 티컬렉티브 같은 누군가의 숱한 노력들로 인해 우리는 멀리 떠나지 않고도 멋진 삶을 향유할 수 있게 되었다.

해외 활동 관련해서 가장 궁금했던 건 FvF Freunde von Freunden에서 치른 행사예요. 인터뷰 활동을 하기 시작하면서부터 마음에 담아 둔 콘텐츠 스튜디오이자 롤 모델이거든요. 그곳에서 프레젠테이션을 한 걸 보고 너무 반갑고 놀랐어요.

저도 좋아하는 회사예요. 매일 출근해서 온라인 콘텐츠를 확인하고 영감을 얻죠. FvF 사업 중 하나로 공간을 제공하는 아파트먼트가 있는데, 티컬렉티브의 해외 프레젠테이션은 꼭 그곳에서 하고 싶었어요. 쿤마마켓에 매장을 오픈하고 1년 남짓 되었을 때 메일을 보냈고, 다행히 좋아해 주었어요. 실제 거래해 보니 단순히 공간만 빌려주는 게 아니라 브랜드에 어울리는 게스트 리스트를 제공해 주더라고요. 사실 프레젠테이션보다는 그들을 직접 만난 것에 비용을 지불한 거예요. 그들이 일하는 방식, 특히 공간을 활용하는 아파트먼트에 관심이 많았습니다. 아트먼트뎁 사무실을 단순 사무 공간으로만 쓰는 게 아까웠고, 클라이언트가 아닌 또래 사람들과 자연스럽게 소통할 수 있는 기회를 계속 찾아다니며 식사회라는 걸 하기도 했거든요. FvF 아파트먼트에서 이틀 동안 묵으며 그들이 어떤 일을 어떻게 하는지에 대해 얘기를 나누고 많이 배웠어요. 무리해서 간 것이었는데 결국 그 경험이 해외 진출하면서 좋은 포트

폴리오가 되어 주더라고요. 이 일을 하면서 FvF와 협업하기, 『모노클 Monocle』 잡지에 실리기 등 저만의 목표가 있었어요.

꿈을 모두 이룬 셈이네요. 평소에 좋아하는 것을 풀어낼 때 결과가 제일 좋은 것 같아요. 진심이 전달된다고 할까요, 자연스럽고 부담스럽지 않게.

자신의 손길이 닿는 모든 디테일에 애정이 담겨 있고, 프랜차이즈와는 다르다고 대답하는 김미재의 입꼬리가 미세하지만 단단하게 올라갔다. 스톡홀름 유학 시절, 비 오는 날 찻집을 방문한 적이 있었다. 바에서 가까운 곳에 앉아 눅눅해진 몸을 말리며 주문한 음료가 나오길 기다리는데, 눈앞에 펼쳐진 광경은 카페보다는 일종의 연구실에 가까웠다. 전자저울 위에서 잎차의 무게를 정확히 재고, 도톰한 머그잔에 뜨거운 물을 몇 차례 부어 정확한 온도로 데우고, 정확히 세팅한 타이머의 알람이 울리고 나서야 완벽하게 우려낸 차를 맛볼 수 있었다. 커피에도 철학이 있지만 차의 세계는 또 다른 깊이의 행위였다.

커피가 음료라면 차, 특히 한국 차는 음식에 가깝다고 생각합니다. 몸이 좋지 않으면 죽이나 보약을 먹듯이 차를 챙겨 마시는 거죠. 저희는 싱글 위주로 메뉴를 구성하고 있어요. 여러 가지를 섞지 않고 순수하게 한 가지만 우려낸 차를 싱글이라고 해요. 상업적 측면에서는 블렌딩 종류를 늘리는 게 맞지만 아직 저희의 여덟 가지 싱글을 모두 맛본 손님들도 많지 않은데 다양한 것보다는 질 좋은 고유의 차를 보여드리고 싶어요. 블렌딩의 제작 단가가 훨씬 싸요. 조금 저렴한 차를 섞어서 맛과 향을 속일 수 있다고 해야 하나요.

커피도 싱글 오리진이 더 높게 평가되죠. 커피와 비교하면 가격대가 높은 편인데, 재배나 유통 과정 때문이겠죠?

저희가 취급하는 차는 대부분 수작업을 거쳐요. 예를 들어 호박차의 경우 늙은 호박과 단호박을 섞는데 두 가지 호박을 따로 찌고, 말리고, 볶고, 다시 섞는 등의 작업을 합니다. 그 과정이 커피나 대형 녹차밭과는 비교할 바가 아니에요. 감잎차는 봄에 딱 2주 동안 생산되는 여린 감잎만 사용하기 때문에 현재 판매하고 있는 차 중 가장 비싸요. 시중에도 많이 있지만 어린잎이 아니기 때문에 쓴맛이 나죠. 맛은 홍차와 비슷한데 좀 더 구수하고, 자몽의 20배에 달하는 비타민 씨를 함유하고 있어서 진하게 우려내어 꾸준히 마시면 감기나 성인병 예방에 좋아요.

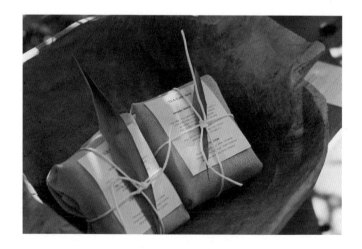

Tea Collective

바쁜 일과로 몸이 축나고 있는 요즘, 달고 진한 믹스커피로 이른 아침의 정신을 억지로 뒤흔들어 보거나 오후에 마시는 시원한 라테로 목을 축이며 힘을 끌어내고 있었다. 하지만 그건 잠시 에너지가 생기는 듯한 착각을 일으킬 뿐 근본적으로 도움이 되지 않았다. 오히려 카페인과 피로에 정신이 각성되어 자정이 훌쩍 지난 시간에도 잠을 못 이루는 일이 허다했다. 커피를 줄이고 차를 마셔 봐야겠다는 마음이 강하게 일었다. 운동할 여력이 없는 나에게는 가장 손쉽게 몸을 챙기는 방법일 테다. 언제 어디서나 간편하게 마시면 좋겠다고 생각했지만 매장에서는 티백을 판매하지 않았다.

티백은 빠른 시간 안에 차를 우려내야 하기 때문에 잎을 아주 잘게 분쇄해요. 제작 과정에서 향이 다 날아가 버리죠. 삼베나 면을 이용해서 한약 달이듯 우려내는 방식을 연구하고 있는데 마음에 들게 나오지 않아서 고군분투 중이네요. 잎차와 동일하게 내려면 티백이 상당히 커져야 하고, 천을 사용하면 실로 묶는 등 수작업이 늘어나면서 단가가 몇 배씩 뛰고요. 앞으로 시장을 늘리려면 티백 개발이 불가피한데 어느 정도에서 타협을 해야 할지 고민입니다.

퀄리티도 중요하지만 티백의 간편성도 무시할 수 없죠. Eat in과 To go의 차이는 분명히 있으니까요. 티컬렉티브에서 차를 마시고 싶다는 생각을 종종 했는데 최근 삼성점이 오픈되었더라고요.
삼성동 매장은 클라이언트가 운영하는 가맹점이에요. 청담점에서 다른 일로 미팅을 했는데 너무 좋아하시더라고요. 가맹점을 운영할 생각은 없었지만 청담점 계약이 만료되는 시기와 맞물려 결정하게 됐어요(현재 청담점은 이전하여 재오픈했다). 직접 컨트롤할 수 없는 부분이 많다는 어려움은 있어요. 매장에서는 저희가 필요 이상으로 디테일하다고 느끼실 거예요.

사무실 빌딩이 즐비한 삼성동의 루프탑이라니 찻집으로서는 모순적인 것 같으면서도 어딘가 눈길을 끄는 매력이 있어요.

생각보다 많은 손님이 찾아 주셔서 깜짝 놀랐어요. 루프탑 바 혹은 카페는 기존에도 많이 있잖아요. 새로울 게 있을까 싶었죠. 공간이 고즈넉하고 분위기가 좋아요. 찻집 특성상 손님이 많지 않을 때 편안함이 고조되는데, 웨이팅을 위해 이곳저곳에 줄을 서 있고 산만할 때가 있어서 아쉬워요. 손님들이 느긋한 마음으로 즐기다 가셨으면 좋겠는데.

핫 플레이스가 되었으니까요. 의도와는 별개로 그런 이미지로 소비되는 경향도 짙은데, 반짝하지 않고 오래 유지할 수 있는 힘이 무엇이라고 생각하세요? 재방문율이 높은 편인가요?

꾸준히 늘고 있어요. 카페 이용보다 차 구매를 목적으로 오시는 손님들도요. 처음부터 알리고 싶었던 차의 효능에 공감하는 사람들이 느는 것 같아요. 공간만으로 어필하기에는 한계가 있어요. 잠깐은 할 수 있겠죠. 하지만 개성 있는 곳들이 차고 넘쳐서 우리만의 메리트가 있어야 하죠. 찻집에서 하지 않을 것 같은 워크숍이나 티 프레젠테이션, 협업 행사들이 사람들의 관심을 끄는 하나의 포인트가 되는 것 같아요. 요즘 소비자들은 작은 디테일의 변화에도 민감한데 계속 성장하는 모습을 보여 줄 수 있으니 브랜드로서 어필이 되지 않나 싶어요.

평소에 특히 민감하다고 느끼는 분야가 있나요?

색감이나 텍스처, 타이포그래피 같은 것들이요. 영국에서 텍스타일 전공을 하면서 디지털 프린트를 전문으로 했거든요. 졸업 작품으로 했던 일러스트가 티컬렉티브 패키지에 들어가 있어요.

다기도 직접 만드는 것 같더라고요.

제주도 흙으로 만들어봤어요. 세라믹은 까맣게 만들 수 없어요. 아무리 진하게 해도 진갈색 정도에서 그치는데, 제주도 흙이 가진 특유의 흑색이 아주 매력적이에요.

흙의Earthy 취향을 갖고 있는 것 같아요.

인공적인 것보다는 자연적인 걸 선호합니다. 인테리어 작업할 때 잘 드러나요. 대리석의 경우 이미 코팅이 돼서 나오는데 다시 거칠게 갈아 내요. 하도 그랬더니 가끔은 시공 팀 반장님들이 김 실장 좋아할 만한 것 가져왔다면서 가공되지 않은 느낌의 것들을 내밀곤 하세요.

일본의 영향이 있을까요?

있어요. 비행기에서 내려다보는 풍경이며 도심에 다닥다닥 붙어 있는 건물들을 보면서 어쩜 이렇게 연한 색상의 톤을 쓰나 신기했어요. 항상 수줍은 듯한 느낌을 내거든요. 그래픽도 그렇고요. 영국도 일본과 비슷한 부분이 많아요.

얼마 남지 않은 차를 아까워하며 마셨다. 김미재를 만나지 않았더라면 여느 카페 음료처럼 마시고 말았을지도 모르는 차. 그저 맛있었다는 기억만 담아 뒀을 차. 차 한 모금을 마실 수 있기까지 숱한 과정들을 헤쳐 온, 아직도 헤쳐 나가고 있는 김미재가 눈앞에 생생하게 앉아 있었다.

지금은 사라진 가로수길의 카페 페이퍼가든을 참 좋아했다. 하얗고 밝은 느낌의 카페에는 작은 마당도 있고, 곳곳에 식물이나 자연 소재의 도구들이 공간을 차지하고 있었다. 어느 날 무심코 들러 본 빵집 르알래스카에서 빵 맛에 눈을 떴고, 새것 같지 않은 목재 공간에서 이국적인 아늑함을 즐겼다. 잠시 잊고 있던 추억들의 소리, 맛, 색감과 빛에 한 사

람의 손길이 담겨 있었다. 나는 김미재를 이제야 만났지만, 그의 취향과 애정을 아주 오래
전부터 조금씩 체화하고 있었던 것이다.

일을 많이 했어요. 이번에 투자 제안서를 쓰면서 정리해 보니 180여 개
의 프로젝트를 했더라고요. 운이 좋았죠. 감각 있고 선구자 같은 클라이
언트를 만나서 여기까지 올 수 있었어요. 지금은 그런 클라이언트를 찾
을 수도 없어요. 하고 싶은 게 정말 많았어요. 그래서 스물네 살 때부터
아트 디렉터라고 쓴 명함을 들고 다녔어요. 물론 아직도 정확히 어떤 일
을 하는지 물어보는 사람들이 많아요. 저흰 다 해요. 처음부터 끝까지.
겁은 없어요. 현실적으로 생각하면 티컬렉티브도 열면 안 됐어요. 이걸
시작하고 나서부터는 단 하루도 힘들지 않은 날이 없어요. 매일 우는 것
같지만 덕분에 할 수 있는 일의 스펙트럼이 훨씬 넓어졌어요. 전 그게 너
무 좋아요.

Tea Collective   **213**

인테리어 디자이너를 꿈꾸며 대학에 입학했다. 배우는 과정에서 답답해졌고, 울타리에서 나오기 위해 발버둥 쳤다. 졸업하면서부터는 종합적인Multidisciplinary 디자이너가 되겠다고 다짐했으나 구체적으로 어떤 일을 할 수 있는지 몰랐고 결국 디자이너는 되지 못했다. 그때 무엇을 하고 싶었던 건지 아트먼트뎁이 정확히 보여 주었다. 방향은 바뀌었지만 잠재된 성향과 욕구는 여전하다. 집에 돌아와서 미래의 자화상을 한참이나 그려 보았다.

사진 촬영은 며칠 뒤였다. 모두가 출근하는 시간에 지하철을 타고 선정릉역에서 내렸다. 잘 차려입은 사람들이 건조한 표정으로 열심히 걸었다. '나도 나름 출근하고 있구나'라는 생각이 스쳤다. 오랜만에 느끼는 출근길이 썩 나쁘지 않았다.

오픈하기 전의 매장 문을 열고 들어서니 적막 가운데 작은 잎사귀들을 스치는 바람 소리와 흔들리는 빛 그림자가 모든 감각을 매만져 주듯 쏟아졌다. 원목과 라탄, 흰 패브릭과 맑은 정원, 그리고 끝없이 뻗은 푸른 하늘의 환영을 받는 순간, 작은 엘리베이터를 타고 17층까지 올랐다는 사실을 잊었다. 이곳은 완전히 독립된 세계였다. 빈틈없이 갖춰진 아름다움을 하나라도 놓칠까 조심스레 카메라에 담았다. 촬영을 위해 쑥차와 쑥 스콘을 주문하고, 마지막 컷을 찍고 나서야 홀로 앉아 촬영 소품의 맛을 보았다. 통유리로 된 창문 밖으로 보이는 높은 빌딩들과 나 사이에는 비현실적인 거리가 있었다. 진정한 럭셔리란 좋은 날씨와 차 한 잔, 이런 고독함이구나.

완전한 평화를 누리기에는 아직 오늘의 투 두 리스트To do list가 남아 있었고 현실과 꿈 사이에서 나는 서둘러 현실을 택했다. 다소 급하게 차와 스콘을 먹어 치우고, 그 대신 차를 몇 개 골랐다. 피로가 누적된 나를 위해서는 감잎차 한 팩을, 다리가 잘 붓는 남편을 위해서는 옥수수수염차 한 팩을. 그리고 특허까지 받았다는 유자차를 한 통 샀다. 은은한 컬러의 그림이 지통을 감싸고 있었다. 마침 좋은 습관이 하나쯤 필요한 시기였다.

인터뷰 당시 계획에 없던 티컬렉티브 청담점이 **2019년 8월**에 오픈했다. 삼성점보다 차분하고 아늑한 분위기이며, 동양적 감성이 듬뿍 담긴 공간에서 훌륭한 차를 마실 수 있다. 어린아이와 반려동물 모두 출입 가능하다. **2020. January**

BRAND INFO

HOMEPAGE: tea-collective.com
INSTAGRAM: @tea_collective

Tea Collective

이미지의 홍수 시대에
서점이 해야 할 일이 있다면

이라선
Irasun

대표 김진영

About

서촌 골목 깊숙한 곳에 위치한 사진 책방. 합당한 가치가 있는 다양한 스펙트럼의 책을 직접 바잉 한다. 김진영 대표가 들려주는 사진집 이야기와 비정기적으로 열리는 북 토크가 알차고 흥미롭다. SNS에 업로드되는 책 소개는 책방을 방문하지 못한 이들에게 읽는 재미도 쏠쏠하게 안겨준다. 아늑한 분위기에서 느긋하게 사진집을 경험하기에 안성맞춤인 공간이다.

대학생 시절, 어느 날 사진을 찍고 싶었던 나는 안방 옷장을 뒤졌다. 그리고 먼지가 뽀얗게 쌓인 선반들을 위, 아래, 앞, 뒤까지 모조리 훑고 나서 엄마에게 볼멘소리를 했다.

"아니, 보통 장롱에 하나쯤 있지 않아?"

"있었지. 아무도 쓰지 않아서 진작 갖다 버렸지. 미놀타였나, 그랬을 거야."

결국 나는 남대문에 가서 필름 카메라를 하나 장만했다.

노출계가 지시하는 대로 조리개와 셔터 스피드를 맞추고, 신중을 기하며 초점 링을 돌렸다. 결과가 어떻든 찍는 행위 자체가 즐거웠고, 필름을 모아 사진관에 맡긴 후 현상을 기다리는 며칠이 설렜다. 여행을 다니며 본격적으로 사진을 찍기 시작하면서부터는 간편한 '똑딱이' 필름 카메라에 맛을 들였고, 그마저도 여러 번 한계에 부딪치고 나서야 언젠가는 꼭 써 보고 싶었던 라이카 M6를 손에 넣었다. 상대적으로 까다로운 초점 조절에 적응하는 중이지만 라이카라는 딱지를 떼고라도 마음에 쏙 드는 결과물을 만들고 있다. 명기는 명기다. 나만 잘하면 된다.

사진전도 줄곧 보러 다녔고, 포토그래퍼들의 포트폴리오를 염탐하기도 했다. 어느 날 서촌에 사진집만 취급하는 책방이 생겼다는 소식을 들었다. 하지만 한참이 지난 후에도 가볼 생각을 하지 못했다. 사진집은 비싼 편이고, 어떤 사진집을 사야 할지 몰랐던 탓이다. 게다가 사진은 이미 평소에도 꾸준히 보고 있다. 그런 짧은 생각이 발목을 잡았다. 그야말로 짧은 생각이었다는 걸 책방에 다녀오고 나서 깨닫게 되었다.

"왜 이제야 오셨어요."

"그러게요."

이라선Irasun. 'Easy Like Sunday'의 약자, 또는 '아름다움을 찾아 떠나는 배'라는 뜻을 담은 이름이다. 그렇지 않아도 아늑한 온도의 빛과 아름다운 사진집으로 둘러싸인 휴일의 오후가 절실한 날들이었다. 초록색 라운지체어와 바랜 페르시안 카펫, 따뜻한 원목 가구들이 오래 머물러 달라고 자꾸 엉덩이를 끌어당겼다.

그동안 다녀본 서점과는 다른 분위기가 있어요. 오래 머물러도 불편하지 않은 사적인 공간 같은 느낌이에요.

김진영 개인의 서재 느낌을 주고 싶었어요. 가정집으로 지어진 작은 건물이었는데 나무 바닥으로 되어 있고 규모도 아담해서 서재라는 아이디어가 떠올랐어요. 무엇보다 이 공간의 주인공인 책을 돋보이게 하는 게 가장 중요했어요. 대형 서점에 가면 책이 빼곡히 꽂혀 있어서 책 자체가 매력적이라는 인상을 받기 어렵잖아요. 사진집은 정면에서 봤을 때 참 아름다운데 말이죠. 그래서 책을 전시하듯 보여 주고 싶다는 생각으로 처음 고른 가구가 월Wall 선반이었어요. 덴마크 회사 DK3에서 생산하는 폴 카도비우스Poul Cadovius의 로열 시스템인데 목재와 황동 느낌이 따뜻하고 좋았어요. 이 선반을 기준으로 나머지 가구를 하나하나 퍼즐 맞추듯 꾸몄어요. 고가의 빈티지부터 이케아까지 종류가 다양하게 섞여 있어요. 세팅만 두어 달 걸렸네요.

상당히 꼼꼼한 성격인가 봐요.
맞아요. 서점을 운영하려면 꼼꼼하지 않던 사람도 꼼꼼해져야 합니다. 겉으로는 한가해 보일지 몰라도 실상은 아주 바빠요. 가족과 친구들이 직접 곁에서 목격하면 놀라더라고요. 백조가 물 위에 우아하게 떠 있기 위해 물속에서는 하염없이 발을 구른다는 말이 괜히 나온 게 아니에요.

특히 사진 책방은 관리 차원에서 신경 쓸 부분이 많을 것 같아요. 책을 직접 열람할 수 있도록 비닐 포장을 벗기고 표지가 오염되지 않게 다시 하나하나 싸둔다니 대단해요.
스무 살 때부터 책을 사면 직접 닦고 싸서 보관했어요. 물론 그땐 제가 책방을 운영하게 될 줄 몰랐죠. 이라선에서 책을 싸고 있는데 문득 '내가 이걸 여기서 하고 있네.' 하는 생각이 들면서 기분이 묘해지더라고요. 살면서 해온 모든 일들의 총집합이 이곳 같다는 느낌도 들고.

비치용으로 싸 둔 책을 사는 손님이 많다면서요.
겉면을 비닐로 싸면 누구나 책을 볼 수 있어서 좋고 보관이 잘된다는 장점도 있어요. 처음에는 포장된 책을 사고 싶다고 하는 손님에게 그냥 드렸는데 이제는 수요가 너무 많아져서 비용을 받고 서비스로 해 드려요. 전에 사 갔던 책을 다시 들고 와서 포장을 맡기는 손님도 있습니다.

자연스러우면서도 신기하네요. 살면서 해 온 일들이 모여서 하나의 형태를 이루고 또 사람들이 찾는 일이 되었다는 게.

심지어 스무 살쯤에 친구에게 책방을 열고 싶다는 말을 했대요. 잊고 있었는데 이라선을 오픈하고 나서 친구가 말해 주더라고요.

사진을 찍기도 하시죠?

그렇죠. 사진과 관련된 다양한 일을 하고 있습니다. 인터뷰 전에는 사진 이론서를 검토해 달라는 요청이 있어서 살펴보고 있었어요. 서울대에서 미학 박사 과정을 밟는 중인데, 학교에 다니면서 저는 실무와 연구를 병행했을 때 에너지가 생기고 탐구 욕구가 솟는 사람이라는 것을 깨달았어요. 서점을 운영하니 자연스레 책도 더 자주 보게 되고요. 모두 다른 형태의 일이지만 각각 즐거움이 있어요.

촬영만 전문적으로 하는 포토그래퍼는 많이 알고 있는데, 박사 과정까지 밟을 정도로 이론 지식을 갖고 촬영하는 것은 다를 것 같아요.

촬영만 하거나 책만 읽던 시기가 있었어요. 그 둘이 다른 일이 아니라는 생각이 들어 사진이라는 큰 지붕 안에서는 굳이 구분하지 않게 되었습니다. 다양한 일을 하며 제 안에 있던 엄숙주의가 사라진 것 같아요. 스스로를 덜 괴롭히면서, 동시에 즐거운 에너지가 생성되도록 편하게 일할 수 있어서 좋아요.

원래 엄격한 편이었나 봐요.

어릴 땐 경험치도 없었죠. 이렇게 일을 할 수 있다는 것도 몰랐어요.

주로 어떤 종류의 촬영을 했나요?

책을 내기도 했고, 잡지에 실리는 사진을 찍었던 적도 있어요. 지금은 상업 사진보다는 동료들이 만드는 콘텐츠의 이미지 디렉팅을 하고 있어요. 서점에 묶여 있어서 예전만큼 관련 일을 많이 할 수 없겠더라고요. 촬영 업무를 줄였지만 끈은 놓지 않으려고 합니다.

수많은 사진집을 파는 분이 찍는 사진은 어떨지 궁금해요.

워낙 많이 보니 사진 문법에 익숙해져 있어요. 입고되는 서적의 90% 이상이 사진가의 작품집입니다. 사진가 특유의 시선으로 찍는 사진에 세뇌되어 있다는 느낌이 들 때가 있어요. 예를 들면 윌리엄 이글스턴William Eggleston 작품 중에 기내에서 찍은 컵 사진이 있는데, 그 사진을 아는 사람은 비행기에서 컵을 받고 창가에 빛이 들어오는 순간 이글스턴을 떠올리며 셔터를 누르게 되겠죠. 저에게는 너무 많은 장면이 그렇게 작용해요. 지식이 기술적으로 도움이 될 수 있지만 가끔은 재미가 없어요. 그래서 사진가의 사진이 아닌 '사진'을 보기 시작했습니다. 요즘에는 건축가의 사진에 푹 빠져 있는데 재질에 집중한다든지 하는, 대상을 바라보는 관점이 확연히 달라요. 최근에 나온 건축 인테리어 단행본 중에는 스페인 매거진 『아파르타멘토Apartamento』에서 낸 『라 패브리카La Fabrica』가 있고, 영국 건축가 존 파우슨John Pawson이 영감이 되는 이미지들을 모아 『스펙트럼Spectrum』이라는 책을 냈는데 정말 새로워요. 저에게도 다른 시선이 필요한 시기인 것 같아요.

사진 찍는 사람으로서 다른 사람의 사진은 언제나 궁금하다. 무슨 생각을 하는지, 어떤 것들을 보는지, 얼마나 과감한지. 하지만 김진영의 사진을 당장 볼 수 있는 방법은 없었다. 정갈하고 꼼꼼한 모습과 성격만큼 사진도 간결하고 단단하지 않을까 짐작해 본다. 우리는 늘 자신과 비슷한 것을 만들어 내곤 하니까. 그는 라이카 M3와 M6를 주로 사용한다고 했다. "M3는 사용하기 번거롭지 않아요? 어차피 노출계는 안 봐요. 감으로 찍어요." 더 궁금해졌다.

월요일은 이라선의 휴무일이다. 깊숙한 골목의 평일 낮, 유독 한적한 분위기에서도 외국인과 동네 주민들이 이따금씩 책방 앞을 지나갔다. 여기가 무엇을 하는 곳인지 조심스레 기웃거리기도 하고, 김진영과 눈인사를 나누기도 하면서. 동네 풍경이 잘 보이지 않는 위치라 세상과 떨어져 있는 기분이 들다가도, 공간 이곳저곳에 작게 열린 창문 사이로 보이는 벽돌과 기와지붕이 눈에 들어오면 '아, 내가 서촌에 있었지.' 하며 현실로 돌아왔다.

서촌에서 사진 책방을 운영하는 건 어때요?

사진이라고 하면 보통 충무로를 먼저 떠올리죠. 카메라 매장이 모여 있고 필름도 맡기고요. 서촌은 그저 제가 좋아하는 동네였어요. 지금은 사라진 독립 서점 가가린처럼 좋아하는 공간들이 있는 조용한 동네요. 이 자리를 발견하고 책방을 열었는데 사진 관련된 공간들이 하나둘 생기면서 작은 커뮤니티가 형성됐습니다. 경쟁이 치열해진 점은 있지만 소비자 입장에서는 좋을 것 같아요. 서촌에만 와도 여러 조건들을 고려하고 사진집을 구매할 수 있는 환경이 어느 정도 조성된 거죠.

그럴수록 큐레이션에 각별히 신경 써야겠어요.

꼭 그렇지 않더라도 큐레이션은 책방 업무 중 가장 심혈을 기울이는 부분이에요.

당연한 질문을 했다. 아무리 공간이 사랑스러워도 콘텐츠가 우선이다. 사방을 둘러싸고 있는 책들을 보니 인스타그램에서 팔로우하고 있는 작가의 이름이 보이고, 표지에서부터 마음이 가는 책, 어디선가 기사에서 본 사진, 유명한 가수의 얼굴, 이라선의 인스타그램 포스팅에서 본 책, 그리고 왠지 전혀 손이 가지 않을 것 같은 제목들도 눈에 들어왔다. 윗 선반에는 라이카 사진술의 대표적 존재인, 두말하면 입 아픈 앙리 카르티에 브레송Henri Cartier-Bresson의 책들이 전시되어 있었다.

평소 좋아하는 사진과 손님들이 많이 찾는 사진의 차이가 있나요?

기본적으로 콘텐츠와 만듦새가 좋은 책들을 들여와서 그런지 아직까지 큰 괴리감은 못 느꼈어요. 물론 처음부터 그랬던 건 아니지만 이제는 손님들이 얼마나 좋아할지 예측이 돼요. 수치로 설명하긴 어렵고, 경험을 통해서만 알 수 있는 부분이에요. 보편적으로 잘 팔리는 책의 조건에 대해서는 얘기할 수 있어요. 많이 팔고 싶다면 책의 크기가 너무 크거나 가격이 비싸면 안 돼요. 적당한 크기, 적당한 가격대, 적당한 퀄리티. 하지만 이건 단편적으로 쉽게 소비되기 위한 조건에 불과합니다.

그럼 처음 오픈했을 때보다 좀 더 구매가 쉬운 책들로 구성하고 있나요?
그렇기도 하지만 꼭 그렇지도 않아요. 운이 좋으면 한 권 정도 팔리겠구나 하는 책들도 있는데 꼭 소개하고 싶다면 바잉 해요. 그리고 인스타그램에 책 소개를 자세하게 올립니다. 안 팔리죠. 그래도 해야 해요. 그게 서점의 역할이에요. 판매와 별개로 서점에 '어떤' 책들이 있다는 건 중요해요.

일종의 수준이라고 할 수 있겠네요.
그럴 수도 있겠죠. 큐레이터가 무언가 소개할 때는 이유가 있어야 하는데, 제 경우는 제가 지금까지 쌓아 온 관점과 경험이 그 이유가 됩니다.

개인 브랜드가 거의 그렇지만, 결국 운영자의 취향과 관점으로 구성되죠. 결국 팔리지 않았다는 그 책이 궁금하네요.
이라선에서 팔리지 않았다 뿐이지 출판사에서는 다 팔고 절판된 책이에요. 두 권이 있는데 둘 다 흑인 여성의 작업이에요. 아까 잘 팔리는 책의 조건을 말씀드렸는데, 이 책들은 그런 면에서 반대입니다. 아직도 흑인보다 백인의 이미지를 아름답다고 느낀다는 사실을 부인할 수 없다는 점도 있고요. 그런데도 두 권 모두 흥미로운 점들이 있어서 가져왔어요. 하나는 캐리 매웜스Carrie Mae Weems의 『키친 테이블 시리즈Kitchen Table Series』라는 책인데 작가 본인이 주인공으로 등장하면서 부엌에서의 다양한 장면을 보여 주는 연출 사진들이에요. 친척들이 와서 카드놀이를 하

고, 남편과 보내는 쓸쓸한 순간이라든지, 위로를 받거나 육아를 하는 모습을 보여 줘요. 연출이지만 너무나 있을 법한 일상의 단면들이죠. 흑인 여성의 삶의 조건들을 주제로 여러 가지 작업을 하는 작가예요.

그런 주제를 보여 주기에 부엌은 참 좋은 장소네요.
맞아요. 많이 변하고 있다 해도 아직 남성보다 여성이 더 많은 시간을 보내는 공간이기도 하고요. 다른 한 권은 자넬레 무홀리Zanele Muholi라는 남아프리카 공화국 작가인데, 자신을 포토그래퍼가 아니라 비주얼 액티비스트visual activist라고 지칭해요. 흑인이고 여성이고 동성애자인, 다양한 경계선에 서 있는 인물입니다. 사진들이 강렬하고 소품을 이용하여 작업하는데 모두 일상에서 쉽게 발견할 수 있는 호스나 수세미, 빨래집게 같은 것들이에요. 어머니가 가정부로 오래 일하셨던 경험을 반영한 초상화 작업이죠.

사진에 얽힌 이야기를 듣고 보니 첫인상 때는 패션 화보처럼 보였던 이미지가 세세하게 눈에 들어온다. 하얀 호스를 목에 두르고, 빨래집게를 머리 장식처럼 수두룩 꽂았다. 환경을 파괴하는 플라스틱 용품이나 압축 비닐 같은 것으로 몸을 감싸기도 했다. 표정은 한결같이 건조하나 유독 까만 얼굴에 밝게 빛나는 흰자와 그 안에서 무언가 말하려는 듯한 눈동자가, 어쩐지 마음을 무겁게 했다. 나는 매일 참으로 무심한 일상을 누리고 있구나.
사진의 주제에는 한계가 없다. 모든 작가들이 자기만의 경험과 철학이 있겠지만 그렇다 해도 이렇게 구체적이고 어떨 땐 사소한 주제를 골라서 작업한다는 사실 자체가 신기하기도 하다. 5년 동안 창밖의 탁구대를 찍었다는 작가도 있다. 어떻게 그 작은 세계를, 5년 동안이나 구축했을까.

Irasun

탁구대와 부엌은 매우 다른 결의 작업이에요. 말씀하신 작업은 하야히사 토미야스Hayahisa Tomiyasu의『TTP』라는 책인데, 유학 시절 기숙사 창문 너머로 보이는 탁구대를 찍은 거예요. 그 사진집을 보고 있으면 한 공간을 배경으로 이렇게 많은 사건들이 일어나는구나 싶고, 새삼 신기하게 느껴지기도 해요. 정확하게 알 수는 없지만 각자의 스토리를 가지고 있는 사람들이 그 탁구대를 거쳐 가는데, 아버지와 아들이 대화를 나누기도 하고 스트레칭을 하는 사람도 있고 아이들이 숨바꼭질을 한다거나 한밤중에 한 남자가 엉덩이를 까고 있기도 하고요. 사람은 없고 눈만 쌓여 있는 장면도 있어요. 작가가 의도적으로 배제했을 수도 있다는 생각은 들지만 탁구를 치는 모습은 한 장도 없고요. 설마 5년 동안 탁구대에서 탁구를 치는 사람이 한 명도 없었을까요? 스포일러이지만 작품 소개 차원에서 얘기하자면, 사진집의 마지막 페이지에는 탁구대 철거 사진이 담겨 있어요. 되게 찡해요. 처음부터 웃기도 하고, 놀라기도 하면서 한참을 푹 빠져 있던 공간이 돌연 사라져 버리는 거예요. 이 작품에서는 탁구대였지만 우리 모두 비슷한 감정적 경험이 있을 거라 생각해요. 그렇기 때문에 철거 장면을 보는 순간 모두의 경험으로 확장되는 거죠. 철거 신scene이 없었다면 전혀 다른 느낌의 사진집이 되었을 거고, 그런 면에서는 마지막 장면을 포착한 작가도 운이 좋았다고 봐야죠. 또 한 권을 소개해 드리면 닉 터핀Nick Turpin의『온 더 나이트 버스On the Night Bus』라는 책인데, 런던의 퇴근길 무렵에 버스 차창으로 비치는 사람들의 모습만 모아 뒀어요. 이처럼 하나의 명확한 주제를 갖고 있는 작업이 많아요.

Irasun

사진을 찍는다고 하면서도 나의 주제를 정해 본 적은 없었다. 많이 찍을 때는 주로 여행 중이었고, 성격상 하나의 주제만 고르기에는 고르지 않은 나머지 주제들이 아쉬웠다. 그래서 하나도 제대로 시작하지 못했다. 그러다 아이를 낳고 집 안에 거주하는 시간이 늘어나면서 아파트 복도와 베란다 너머로 다른 아파트의 복도와 베란다를 바라보는 날이 늘어났고, 덕분에 천편일률적인 건물을 어루만지는 새벽과 낮, 저녁 빛의 아름다움을 발견하게 되었다. 안과 밖의 경계에 걸쳐서 생전 관심을 둔 적 없는 건물 사진을 찍기 시작했다. 극히 제한적인 환경이 나에게 던져 준 주제였다. 현상된 사진을 보면 비슷비슷하다. 그러나 천천히 시간을 두고 오래 찍다 보면 무언가 보이지 않을까 기다리고 있다. 그렇게 떠밀리듯 셔터를 누르기 시작한 프로젝트의 이름은 '엄마의 아파트'가 되었다.

4년 전 여행으로 찾은 스톡홀름의 여름은 찬란했다. 모든 사람이 짧은 낮의 소중한 햇빛을 누리기 위해 집 밖으로 나왔다. 아이들은 호수에서 수영하고 언덕 밑의 들판에서 지푸라기를 이고 다니며 자연을 만끽했다. 비현실적인 피사체에 둘러싸인 나는 새로 구매한 자동카메라를 열심히 눌렀다. 그러자 옆에 있던 친구가 넌지시 경고 섞인 조언을 했다. "여기에서 허락 없이 아이들 사진 찍으면 잡혀가." 앗. 하지만 아이들은 빛이 났고 난 다시 돌아오지 않을 순간들을 담지 않을 수 없었다. 들키진 않았지만 심장이 쿵쿵 뛰었다.

일명 '도촬'이라고 하는데, 자연스러운 사진을 찍으려다 보면 초상권 침해를 안 할 수가 없어요. 길거리에서 모르는 사람을 찍은 작품들도 많은데 업계의 입장은 어떤가요?

초상권은 사진 역사에 있어서 최신 이슈인데, 인터넷이 크게 일조했다고 봐야겠죠. 판례도 다양합니다. 뉴욕에서 한 작가가 집 건너편 건물의 창문을 통해 보이는 장면들을 망원 렌즈로 찍어서 전시했는데, 어떤 사람이 자신의 아들이 찍힌 것을 발견하고는 작가를 고소했어요. 결과적으로 법원은 작가의 손을 들어 줬습니다. 작가의 주목적이 사생활 침해가 아닌 자기표현이기 때문이라는 거였어요. 초상권의 특징은 대상이 문제제기를 하기 전까지는 문제가 안 된다는 거예요. 자기가 찍혔다는 사실을 모르는 사람들이 훨씬 많겠죠. 스웨덴은 더 까다로운 것 같고, 한국의 경우는 잘 모르겠지만 이런 작업이 점점 힘들어지는 건 사실이에요. 제약이 많고 작가들도 꺼리죠. 반면 릴리스release를 숨기고 그야말로 도촬을 감행하는 작가들도 있어요.

어느 순간에는 그런 작업이 희귀해질 수도 있겠어요.

힘들어지는 만큼 커지는 희열이 있어요. 한 장면을 찍기까지 얼마나 힘든지 알기에 그 용기와 결단력에 감동하는 거죠. 한편 나와 피사체와의 거리는 왜 이리 멀까 반성하기도 하고요.

Irasun

237

김진영은 일본과 유럽으로 직접 책을 고르러 다닌다고 했다. 온라인으로 주문한 책들은 실망을 안겨 주기 일쑤였다. 사진 페어에 가면 책만 보는 게 아니었다. 책을 보고 그 사진을 찍은 작가도 만났다. 작가의 설명을 듣고 나면 사진은 이미지를 넘어선 이야기와 감동이 되었다.

페어에는 수백 명의 셀러와 수천 권의 책이 나오는데 저는 모두 펼쳐 봐요. 마틴 파Martin Parr라는 사진작가가 있어요. 이 사람은 사진으로도 유명하지만 수집광이어서 만 이천 권 정도의 책을 수집한 것으로 알려져 있어요. 그 많은 책을 모으면서 얼마나 다양한 경험을 했을지 상상해요. 마틴 파는 사진집 시장이 확장되면서 많은 사진집이 출간되는 동시에 나쁜 책들도 많이 나온다고 했어요. 'Bad photobook'이라는 표현을 썼는데, 실제로 무성의한 책들이 많아요. 콘텐츠의 홍수 안에서 좋은 것들을 선별하고 소개하는 게 서점의 역할이죠.

서점에 들어오자마자 보이는 테이블에 놓인 책들은 어떤 기준으로 진열된 건가요?
이라선에 새로 입고된 책들이에요. 단골손님이 많아서 신간을 한눈에 볼 수 있게 자리를 마련해 두었어요. 반면 칸이 나누어져 있는 가로형 책장에는 작가 기준으로 구성하는 편이에요. 예를 들어 어떤 작가의 신간이 나오면 그 작가의 구간들과 함께 비치해요. 한눈에 전체적인 그림을 볼 수 있도록.

238

240

이렇게 말하면 어떨지 모르겠지만, 보편적으로 사진집은 합리적 소비와는 거리가 멀어요. 보통 가격대가 높고, 합당한 이유는 아니지만 온라인에서도 이미지들을 쉽게 볼 수 있고요. 텍스트처럼 읽을 수 있는 것도 아니죠. 그래서 입문이 어려운데, 그럼에도 사진집을 소유할 가치가 있다면 무엇일까요?

사진을 볼 수 있는 방법은 정말 다양해졌어요. 당신의 아이패드일 수도 있고, 전단지나 엽서, 또는 전시일 수도 있죠. 그래서 저는 사진집은 사진집만의 가치가 있어야 한다고 생각해요. 매체가 가진 성질에 대해 고심한 흔적이 엿보이는 책들이 분명 있어요. 꼭 특이해야 좋은 건 아니에요. 특히 옛날 사진은 클래식한 편집이 더 잘 어울려요. 하지만 오늘날의 작가들이라면 자신의 작품을 어떤 형식으로 엮어야 가장 효과적일지 고민할 거예요. 프랑스 작가 소피 칼Sophie Calle의 『Parce Que』라는 책이 있는데, 영어로는 because, 즉 '왜냐하면'이라는 뜻의 제목이에요. 사진 한 장을 보기까지 꽤나 수고스럽게 만들었고, 각 사진을 찍은 이유를 설명해 놓았어요. 이미지 홍수 시대에 이 책을 만나고 많은 생각이 들었어요. 어느새 우리는 이미지의 존재 이유를 궁금해하지 않게 됐는데, 소피 칼은 하나하나 다시 물어보고 있는 거예요. 이 작품은 전시도 재미있어요. 사진을 텍스트가 적힌 천으로 가려 두어서, 텍스트를 읽고 천을 들춰야만 비로소 사진을 볼 수 있게 했습니다. 같은 작품이라도 매체의 특성에 맞춰서 잘 풀어내는 작가예요. 이런 책을 볼 때 감동이 와요.

소피 칼의 책은 책 자체만으로도 매력이 뿜어져 나왔다. 붉은 계통의 리넨 텍스처가 잔잔하게 반짝이는 표지 뒤로 부드럽고 연약한 종이가 접힌 형태로 제본되어 주머니 같은 구조를 만들었다. 그 주머니 안에 사진이 한 장씩 끼워져 있고, 좌측에 불어로 사진의 존재 이유가 인쇄되어 있었다. 몇 장을 수고스럽게 들춰 보다가 노인의 두 손을 찍은 부드러운 사진에서 멈췄다. 조심스럽게 꺼내어 들자 김진영이 설명을 더했다.

"'아버지가 마지막으로 손을 찍어도 된다는 허락을 했기 때문에 찍을 수 있었다'고 적혀 있어요." 나는 불어를 전혀 모르고, 김진영 역시 원어민 수준은 아니었기에 텍스트를 완벽히 이해할 수는 없었으나 짧은 설명만으로 그 뒤에 숨은 이야기가 불거져 나왔다. 아버지의 생이 얼마 남지 않았던 걸까. 아버지는 왜 평소에 손을 찍지 못하게 했을까. "읽지 못하니 아쉽네요"라고 하니 영문판이 아직 출간되지 않아서 그렇단다. 하지만 이해할 수 없는 불어 텍스트 그대로의 책이 참 아름다웠다.

책 소개를 듣다 보니 시간 가는 줄 모르게 푹 빠지네요.
이라선에 방문해야 할 이유가 단 한 가지 있다면 이 점이에요. 저는 책 설명을 가능한 한 많이 해 드리려고 해요. 질문을 들으면 답변해 주지만 그게 아니라면 계산할 때 간단하게라도 이야기를 하죠.

이야기를 듣고 나면 처음에 생각했던 것과 선택이 달라지기도 할 것 같아요.
맞아요. 인스타그램에 올린 내용을 보고 방문했다가 다른 책을 사는 손님이 많은데 그게 참 재미있어요. 온라인에서는 빅 데이터를 기반으로 한 알고리즘을 통해 소비자의 취향을 걸러서 추천해 주는데, 물론 어떤 면으로는 유의미하지만 울타리 밖의 좋은 콘텐츠가 계속 배제되는 위험도 있죠. 오프라인으로 오면 자기 취향이 아닌 것들도 섞여 있고, 비록 사지는 않더라도 접해 볼 수 있잖아요. 오프라인 공간의 기능 중 하나이기도 한 것 같아요.

역시 쇼핑은 오프라인이죠. 손님을 직접 만나는 건 힘들기도 하지만 힘이 되기도 해요. 기억에 남는 피드백이 있나요?

오픈한지 얼마 안 되었을 때 어떤 손님이 자전거를 타고 오셔서 책을 한참 보다가 어빙 펜Irving Penn의 『패시지Passage』라는 책을 사 갔어요. 나중에 인스타그램에 올라온 포스팅을 보니 사진과 교수였는데, 10년 전 뉴욕 유학 시절에 비싸서 못 사고 마음에 담아 두었던 책을 이라선에서 만났다고 했어요. 그러면서 학생들에게 사진으로 할 수 있는 일이 포토그래퍼만 있는 게 아니라는 말을 해 주고 싶다는 글을 남겼어요. 그 말이 오래 기억에 남네요. 어떤 손님은 사진을 업으로 하는데 항상 이라선을 통해 많이 배운다고 하세요. 오히려 제가 그 손님한테 배워요. 저와 다른 관점으로 사진을 보거든요. 이렇게 서로의 지식이 교환되는 과정에서 보람을 많이 느껴요. 겉으로 드러나는 운영자는 저 하나이지만 이곳에 넓은 스펙트럼의 책들이 쌓이기까지는 손님들의 피드백이 한몫하죠.

전시 중에는 사진전을 제일 즐겨 본다. 회화는 그렇다 해도 현대 미술은 어렵다. 보이는 그대로 받아들이려고 하지만 어쩐지 바보가 된 것 같다. 반면 사진은 대체로 현실 세계 안에서의 장면을 담아서 그런지 한결 공감하기 수월했다. 하지만 역시 이론 지식이 없으니 전시장 벽면에 붙여 놓은 텍스트를 눈으로 읽기에 바빴다. 전문가가 아니기에 어쩔 수 없다고 생각하지만 시각적인 감상 수준에서 그치기 일쑤다. 예쁜 사진이 더 쉽게 인기를 끈다는 사실도 부인할 수 없다. 지난날 대림미술관에 걸린 라이언 맥긴리Ryan McGinley의 사진은 돌연 모두의 취향 리스트에 담겼다.

전시를 보고 깊게 감명받았다면 그게 전부인 것처럼 느껴질 때가 있어요. 당연한 현상이라고 생각해요. 전문가가 아닌 이상 잘 모르고, 어릴수록 더 그런 경향이 있을 수 있고요. 하지만 우리가 창조적이라고 극찬하는 것에도 모두 레퍼런스가 있어요. 라이언 맥긴리만 청춘을 주제로 사진을 찍은 게 아니에요. 작가 자신도 낸 골딘Nan Goldin이나 래리 클락 Larry Clark에게서 영감을 많이 받았다고 했고요. 작품을 탐구하는 여러 방향이 있겠지만 일단 계보를 보면 좋아요. 흐름을 배제하고 한 작가를 무조건적으로 흠모하는 건 재미없어요.

범위를 넓혀서 보면 재미있겠네요. 하지만 사진을 연구하는 사람들이라면 그게 자연스러울지 몰라도 대중들은 한 작가에 푹 빠지는 경향이 있지 않나 싶어요.
예술가 자체를 어떤 성역에 두고 싶어 하는 것 같아요. 선망의 대상이니까. 실상은 그렇지 않은데 말이에요.

그 대중이 나다. 어떤 작품이나 작가에 꽂히면 한동안 그 세계에만 푹 빠졌다. 하지만 얼마나 작았던지, 그 세계가. 갈수록 '제일', '최고', '짱'의 무엇 하나를 고르기가 어려워진다. 아니, 그럴 필요가 없다. 모든 것은 연결되어 있고 혼자 이루어 내는 건 아무것도 없기에.

이곳에서 북 토크를 꾸준히 해 왔어요. 한 가지는 사진사에서 중요한 작가를 소개하는 자리이고, 다른 하나는 작가의 신간 설명회와 북 사인회예요. 한 달에 한 번씩 하려고 했는데 형식이 중요하진 않더라고요. 좋은 콘텐츠가 있으면 여러 번 하고, 없으면 하지 않아요.

Irasun

해외 작가가 오기도 했던데, 초청이 쉽지 않을 것 같아요.

보통 작은 책방에서 행사할 때는 다른 일 때문에 그 도시를 방문하면서 곁들여서 하는 경우가 대부분이에요. 때문에 뉴욕 같은 경우는 북사인회가 비일비재하죠. 한국은 지리적으로 그렇게 스쳐 가기는 어려워요. 다만 어쩌다 상황이 맞는 경우가 있어요. 파리에서는 파리 포토Paris Photo, 오프프린트Offprint, 포토피버Fotofever 등의 페어가 나흘 동안 열려요. 매년 출장을 가는데 하루는 센강에 떠 있는 배 안에서 열리는 폴리카피Polycopies라는 북 페어를 찾았어요. 책 한 권을 보고 있는데 뒤에서 누가 제 어깨를 톡톡 치는 거예요. 뒤를 돌아보니 자기가 작가라면서 인사하더라고요. 막스 핀커스Max Pinckers라는, 북한 사진을 찍은 벨기에 사진가였어요. 마침 라이카 코리아 전시를 위해 한국에 방문할 계획이 있다고 해서 북 토크가 성사되었죠. 북한에 관한 작업은 시기적으로도 더 유의미한 콘텐츠였고요. 또 한 번은 러시아 작가 야나 로마노바Yana Romanova와 북 토크를 했습니다. 동강 사진제에 초청되어서 한국에 온다며 먼저 제안을 하더라고요. 일전에 아를 사진축제Rencontres d'Arles에서 만나 커피 한잔하면서 나눈 대화가 현실화된 거죠.

왜 유독 프랑스에서 사진 콘텐츠가 발달한 건가요?

공식적으로 사진이 발명된 나라로 알려져 있어요. 인물도 많고, 사진을 예술뿐 아니라 과학이나 범죄 수사 등에도 다양하게 활용하는 등 역사가 깊어요. 사진 발명의 역사는 복잡해요. 『사진의 고고학』이라는 책을 보면 설명이 잘되어 있는데, 이미지를 고정시키는 여러 가지 방법을 연구하다 나온 것이 사진이고 모든 일이 그렇듯 한 장소에서 한 가지 방법으로만 시도된 것이 아니죠. 많은 이슈가 엮여 있지만 어쨌든 프랑스에서 공인된 것을 시작으로 발전했다고 해요.

그런데 유명한 카메라는 다 독일과 일본에서 만들었네요.

기술의 문제니까요. 창조와는 다른 영역이에요. 한편으로는 이런 질문
도 있어요. 사진술이 등장해서 찍고 싶은 욕망이 생긴 것인가, 아니면 찍
고 싶은 욕망 때문에 사진이 발명된 것인가.

이제는 누구나 언제든지 고해상도의 이미지를 찍을 수 있는 휴대폰을 들고 다니고, 카메
라는 더 이상 훌륭해질 수 없을 정도로 발달했다. 높은 선예도와 쨍하고 뚜렷한 색감, 몽
환적인 분위기나 비현실적인 이미지를 만드는 것은 배우면 웬만큼 해낼 수 있을지도 모
른다. 반면 창조는 높은 기술력을 갖고 있다고 해서 되는 게 아니었다. 누구나 사진을 '잘'
찍는 시대에 창조는 더 어려워졌을까, 아니면 오히려 더 단순해졌을까.

누구나 사진을 찍어요. 진입 장벽이 낮아진 만큼 프로와 아마추어의 경계가 흐려지는 대표적인 분야라고 생각해요.

사진이라는 매체의 특성인 것 같아요. 회화 같은 예술은 수공이라는 기술이 들어가는데 사진은 상당 부분 기계가 완성해 주거든요.

반드시 무겁고 진지해야 하는 것은 아니지만 그래서 더 가벼워진 건 사실이잖아요.

사진이 곧 예술은 아니에요. 이제는 일종의 언어 같은 소통 수단이 되었죠. 누군가가 말을 한다고 해서 감탄하지 않듯이 사진을 찍는다고 해서 대단한 일이 아닌 거예요. 사진을 찍는 것과 작가가 되는 것은 별개의 문제입니다. 작가는 인증 시스템이 없는 호칭이기 때문에 스스로 작가라고 부르는 사람도 많죠. 중요한 건 꾸준함이라고 생각해요. 작업도, 전시도, 책도 꾸준히 쌓여야겠죠. 그렇기 때문에 특히 독립 출판을 큐레이팅 할 때 기준이 필요해요. 저는 명확한 주제가 있거나 혹은 시각적으로 뛰어난 아이덴티티가 있는 책을 골라요.

저를 예로 들어 볼게요. 사진이 본업은 아니지만 종종 의뢰받아서 찍고, 혼자 취미로 찍기도 해요. 그 기준에서 저는 프로인가요, 아마추어인가요?

상업과 예술은 다른 영역이에요. 상업 사진을 의뢰받아서 돈을 받고 찍을 수 있다면 프로가 아니고 뭐겠어요. 사진을 정석으로 공부하거나 실무로 경험하지 않아서 그런 의문을 갖는 것 같은데, 배경과 상관없이 사진 활동을 하는 사람들은 많습니다. 기술이나 지식이 없는 만큼 굉장히 제한적인 능력 안에서 하는데, 끈기를 갖고 그 안에서 잘 해낼 수 있다면 진정한 프로겠지요.

Irasun

그의 말에 따르면 프로란, 자기만의 영역을 일궈 내는 사람이라고 말할 수도 있겠다. 정신이 맑아졌다. 학교에서도, 일터에서도 배우지 않은 사진. 혼자 찍다가 어느새 돈을 받고 찍기도 하던 내가 당당하게 사진을 '한다'고 말할 수 있을지 분간이 가지 않았다. 그래도 여전히 즐겁고 소중한 취미이자 일이다. 나만의 영역이라. 새끼손톱만큼도 찾았다고 말하기 어렵지만 기술이나 지식보다 훨씬 더 마음에 드는 기준이다.

사진은 장비의 영향이 큰 것 같아요. 렌즈 화각이나 초점 거리 같은 사양 때문에 의도와는 별개의 아이덴티티를 갖게 되기도 해요.
장비는 매체 불문하고 다 중요하죠. 물감과 붓이 그림에서 중요한 것처럼요. 자신의 시선과 장비의 특성이 만나서 작품이 나오고, 그 사람 고유의 스토리가 되는 셈이에요. 다양한 장비를 경험해 보고 가장 잘 맞는 걸 선택한 결과일 수도 있고, 또는 어떤 상황 때문에 특정 장비를 사용하게 된 것일 수도 있고요. 좋아하는 일본 작가의 인스타그램을 봤더니 똑같은 카메라를 4대나 갖고 있더라고요. 이제는 단종된 중형 카메라인데 고장도 잦아 비축해 둔 것 같아요.

그동안 사진을 감상하거나 찍기만 했는데 대화를 나눠 보니 훨씬 흥미로워요. 『이코노미 조선』에 연재되고 있는 「사진집 이야기」도 몇 편 읽어 봤는데 너무 재밌더라고요.
어느 날 문화 칼럼 코너가 펑크 나서 대신 원고를 쓰게 됐는데, 편집장님이 보고는 연재를 부탁하셨어요. 주간지이자 대중 잡지이기 때문에 사진에 관심이 없는 이들도 읽기 좋게끔 친절하게 써요. 마침 첫 원고가 벚꽃 시즌이라서 토마스 데만트Thomas Demand의 『블로썸Blossom』이라는 사진집에 대해 썼어요. 시의성을 고려하는 편이에요.

책도 곧 출간하겠군요. 전시나 북 페어 같은 계획은 없나요?

언젠가는 공간을 옮기는 시점이 올 거고, 그와 동시에 변화가 일어날 것 같은데 역시 드는 생각은 전시라는 포맷과 책을 함께 보여 주고 싶다는 것입니다. 계속 고민하고 있어요.

도약하는 계기가 되겠네요. 이라선이 문을 연 지도 2년 반이 되었는데, 손님들의 변화가 느껴질 것 같아요.

점차 많은 사람이 사진집을 즐기는 게 느껴져요. 처음 방문해서 조심스럽게 한 권 사 갔던 손님이 이제는 자신의 기준으로 책을 고르기도 하고요. 각자 취향을 쌓아가는 모습을 보는 기분이 참 묘해요. 사진 분야에서 대중화도 일어나고 있어요. 대표적으로 영국의 혹스턴 미니 프레스 Hoxton mini press라는 출판사가 있는데, 저렴한 가격대에 명확한 소재로 누구나 쉽게 볼 수 있는 사진집을 출판해요.

사진을 향유하는 방법들이 대중화되어 가고 있네요. 이라선은 국내의 대표적인 사진 책방인데 의무가 느껴지기도 하나요?

독이 될 것 같은 감정이긴 한데 가끔 들 때가 있어요. 계속 배우면서 운영하는 입장이고, 저보다 더 많은 지식을 갖고 있는 손님도 많고요. 하지만 사진사에서 중요한 작가를 소개하는 것, 동시대의 활발히 활동하는 해외 작가들을 보여 주는 것, 그리고 예술 사진이 아닌 사진도 보여 주는 게 저의 의무감이라면 의무감이에요.

Hoxton mini press에서 출간된 두 권의 책을 펼쳤다. 『보태니컬Botanicals』에는 식물원에서 찍은 듯한 사진들이 캐주얼하게 담겨 있었다. 화분을 키우기 좋아하는 친구에게 선물하기 위해 한 권 챙겼다. 『On the Night Bus』에는 버스 차창을 통해 바라본 사람들의 모습이 담겨 있었다. 설명만 들었을 때는 왜 그런 걸 찍고 싶을까 의문이 생겼지만 사진을 보니 이해가 되었다. 비가 많이 오는 런던의 버스 유리창은 자주 촉촉하게 젖었고, 그 너머의 사람들은 자기도 모르는 사이 몽환적인 주인공이 되었다. 멍하게 한곳을 응시하는 남자, 퇴근길에 지친 머리를 기댄 모습, 유리창에 손가락으로 그린 그림 같은 이미지들을 한 장씩 넘길 때마다 축축한 나라의 이야기가 깊어졌다. 사소한 주제를 지속적으로 촬영하는 작업에 대한 궁금증이 싹 풀렸다. 한 장의 사진이 강렬한 메시지를 전달할 수도 있지만, 여러 장의 사진이 전하는 이야기는 또 다른 종류의 스토리텔링인 것이다.

스톡홀름 여행 중 찍었던 사진들을 모아 엮은 책을 보여 주며 영감이 될 만한 사진집을 추천해 달라고 부탁했다. 김진영은 단 한 권만 고르기 너무 힘들게 세 권의 책을 보여 주었다. 마침 빈티지 무드에 한껏 빠져 있던 터라 자크 앙리 라르티그Jacques-Henri Lartigue의 『Life is Color』라는 책을 데려오기로 했다. "가장 유명한 아마추어라는 별명을 가졌어요." 그 한마디 설명에 마음을 빼앗겼는지도 모른다. 나의 첫 사진집은 전혀 예상하지 못한, 처음 들어 보는 작가의 것으로 정해졌다. 집에 돌아와서 책장을 정리하고 새로 들인 사진집과 카메라들을 나열했다. 좋아하던 일에 새로운 가지가 돋아났다.

BRAND INFO

HOMEPAGE: irasun.co.kr
INSTAGRAM: @irasun_official

둥근 그릇에 구워내는
뜨거운 열정

이혜미 + 오유글라스워크
Heami Lee
OU Glasswork

작가 이혜미 + 오유글라스워크 대표 유혜연

About

비정형의 둥근 식기를 만드는 도예 작가 이혜미와 유리 브랜드 오유글라스워크OU Glasswork. 이혜미 작가는 골드 림Gold Rim과 은도자기 그릇이, 오유글라스워크는 시즌마다 출시되는 다양한 색감의 그릇이 많은 사랑을 받고 있다. 두 브랜드의 미감은 서로 닮았으며 예술성과 상업성의 경계에서 탁월한 균형 감각으로 소비자의 마음을 사로잡았다.

요리에 특별한 재능도, 관심도 없던 나인데 언젠가부터 이런 생각이 들었다. '소박하고 맛있는 음식을 직접 해 먹는 삶의 질은 꽤 높겠구나.' 신선한 재료를 사고, 한두 번먹을 만큼 요리하고, 작고 예쁜 그릇에 담아 천천히 음미하는 식사 시간. 맞다. 먹는 것이주는 행복은 대단하다. 하지만 현실은 쿠팡프레시와 배달의민족으로 점철되어 있었다.

일전에 만난 도자기 그릇 가게 주인이 말한 적 있다. '좋아하는 그릇이 있는 생활'. 같은 맥락의 이야기일 것이다. 작지만 확실한 행복과 충만을 느낄 수 있는 일상의 순간들, 그것은생각했던 것보다 부엌과 식탁에 많이 숨어 있었다. 그러나 요리에 관심이 없는 사람은 그릇에도 큰 관심이 없다. 배달된 일회용 포장 그릇을 개봉해 바로 젓가락질을 하지 않으면다행이다. 싱크대 위 좁은 선반에는 혼수로 장만했던 특징 없는 하얀 도자기 세트만 6년째 쌓여 있다. 어찌나 잘 만들었는지 깨지지도 않는다.

그릇은 원한다면 얼마든지 살 수 있다. 유명한 북유럽 식기도 휴대폰 지문 인식 한 번에결제를 완료하고 이틀 뒤면 집 앞에 도착한다. 그런데 세상에는 예쁜 그릇이 많다. 종류가너무 많아서 무엇을 사야 할지 모르겠다. 고민하다 보면 너도나도 같은 그릇을 사용하고있는 모습이 보여서 달궈졌던 마음이 금세 식었다. 어차피 당장 필요한 것도 아닌데, 뭘.나중에 또 예쁜 그릇이 나오겠지.

어느 날 그 생각을 흔드는 물건이 보였다. 누구의 집에서도 볼 수 없던 것인데, 그렇다고그릇 하나만 튀는 느낌도 아니었다. 흔하지 않지만 질리지도 않는다는 것이다. 이 균형을교묘하게 잘 맞춘다는 것은 엄청난 건데. 당장 한두 점 들여서 무색무취의 하얀 그릇들과섞어도 괜찮을 듯했다. 아니, 갖고 있는 나머지 그릇들마저 감각 있게 보일 참이다. 자세히 살펴보니 브랜드가 하나도 아니고 두 개다. 유리와 도자. 둘인데 마치 하나같다. 이 두브랜드가 성수동의 문화 공간 오르에르 아카이브에서 합동 전시를 했다. 나는 결국 그곳에서 하나의 욕망을 또 키워 버렸다.

Heami Lee + OU Glasswork   **257**

저는 원래 혼자서 외출하지 않는 유형이에요. 그런데 작가님들의 전시를 꼭 보고 싶어 혼자라도 시간 내어 갔어요. 사진으로만 보니까 아쉬워서 실물이 궁금해지더라고요.

이혜미(이하 이) 원래 오르에르 아카이브 두 번째 전시로 일정이 잡혀 있었어요. 혼자 했으면 더 빨랐을 텐데 바쁘다 보니 예정보다 1년 뒤에 하게 됐어요. 모든 일이 그렇겠지만 만족하는 만큼 아쉬움도 남아요.

유혜연(이하 유) 혜미 작가와 제 작업이 닮아 있어서 같이 기획해서 작업해 보고 싶다고 항상 얘기해 왔어요. 좋아하는 지점들이 대부분 맞닿아 있거든요. 하지만 현실적으로 쉽지 않네요. 물리적으로 한계가 있어요. 몸으로 하는 일이잖아요.

모든 작업을 혼자서 하나요?

이 거의 그렇습니다. 도자는 힘이 들어가는 밑 작업이 있는데 아버지가 가끔 취미 삼아 도와주러 오세요. 어느 날 제가 작업하는 걸 보고는 놀라시더라고요. 이걸 지금까지 혼자 했냐고, 이렇게 힘든 일인지 몰랐다고요.

유 저는 후배가 직원으로 있는데 밀양에서 거의 감금 수준으로 일하고 있어요. 저도 서울과 밀양을 오가며 생활하고요. 밀양에 아버지의 공장과 작업실이 같이 있거든요.

제가 다닌 대학교에선 유리와 도예가 같은 과로 묶여 있었어요. 그만큼 비슷한 구석이 많다는 건데, 두 분은 어떻게 각각 유리와 도예를 선택한 거죠?

유 아버지가 타일을 다루는 일을 오래 하셨는데 제가 졸업할 당시에 외국에서 유리 타일이 유행이었어요. 그래서 유리 타일을 해야겠다고 생각했죠. 정작 학부 시절에는 도예만 공부했어요. 한국의 유리 역사가 워

낙 짧아서 유리과 자체가 생긴 지 얼마 되지 않았어요. 유리 공예라고 하면 보통 높은 온도에서 원료를 가열해 공기를 불어넣어 모양을 잡는 블로잉Blowing을 떠올리고, 저도 해 봤지만 도예 기반이 있어서 그런지 결국 가마 작업으로 오게 되었어요. 비슷한 지점이 많은 분야예요.

이 기본적으로 물성을 갖고 하는 작업이기 때문에 본인의 성향과 잘 맞는지가 중요해요. 흙도 종류가 정말 다양해서 나와 맞는 걸 찾고 친해지는 시간이 필요해요. 직접 다뤄 보니 유리의 차갑고 날카로운 성질이 저와는 맞지 않더라고요. 조금 겁이 난다고 해야 하나요. 그래서 애초에 제 길이 아니라고 생각했어요. 유리를 계속 갈아서 형태를 만드는 콜드 워크Cold work라는 연마 작업이 개인적으로 재미가 없었어요.

유 저도 콜드 워크가 제일 재미없는 부분 같아요. 각을 치고 광을 내는 일인데 크리스털이나 다이아몬드를 떠올리면 이해가 쉬울 거예요. 유리는 열을 받으면 깨지기 때문에 찬물로 계속 갈아요. 지루하죠. 이 작업으로 유리를 시작했다면 재료에 매력을 못 느낄 수 있어요. 그런데 그런 작업을 좋아하는 사람도 있어요.

이 하필 제가 그걸로 유리를 접한 거죠. 그런데 저는 지루함보다 실수로 유리가 날아갈 수도 있다는 불안함이 더 컸어요.

유 저도 마찬가지예요. 며칠을 밤새워서 유리를 캐스팅하고, 덩어리를 만들고, 팔 빠지게 유리를 갈고, 마지막에 양모에 광을 내는 연마 단계에서 작업이 날아간 거예요. 다행히 다치지는 않았지만 유리가 벽에 부딪쳐서 깨졌죠. 그다음부터는 연마와 담을 쌓았고 지금 작업은 그 정도의 연마가 필요하지 않은 것들이에요.

Heami Lee + OU Glasswork

가마 작업도 스트레스가 있지 않나요? 그 안에 들어가면 결과가 어떻게 나올지 예측하기 어렵잖아요.

이 사람마다 달라요. 불확실성을 못 견디는 사람이 있고, 재밌어하는 사람이 있는데 저는 후자예요. 기다리는 설렘이 있거든요. 우리는 '가마신'이라는 말을 쓰면서 이제 기도만 하면 된다고 농담하곤 해요. 그리고 개인 가마를 쓰면 컨트롤이 용이해져요. 기물이 들어가는 위치에 따라서 결과가 달라지는데 학교에 있는 가마는 규모도 큰데다 다양한 작업이 함께 들어가기 때문에 문제가 발생할 확률이 더 높죠.

제가 사진관에 필름을 맡길 때와 비슷한 감정이네요. 두 분의 작업 방식이 궁금합니다.

유 비슷해요. 둘 다 먼저 형태를 만들어서 가마 작업을 거쳐요. 단지 혜미 작가가 흙을 반죽해서 조물조물 모양을 만든다면 저는 판유리를 갈아서 형태를 잡는 방식입니다. 유리를 갈아 내는 과정에서 하나하나 모양이 달라지는 거예요.

이 저는 물레 작업을 좋아하는 편이 아니에요. 다시 말하면 정형화된 형태를 좋아하지 않죠. 결국 자신이 좋아하는 모양을 만들 수 있는 작업 방식을 찾게 돼요. 물레를 갖고 있지만 형태 스터디를 하거나 테스트하는 용도로만 사용해요. 석고도 텍스처를 살리는 과정에서 쓰고, 판성형(손으로 밀대를 이용해 점토를 납작하게 하고, 일정한 두께의 점토판을 자르고 합쳐서 그릇이나 오브제를 제작하는 도예 기법)을 이용하기도 해요. 그때그때 필요한 방식을 적용하기 때문에 작업 방식으로만 따지면 종류가 꽤 돼요. 일반적으로 떠올리는 도예 작업과는 좀 거리가 있어요. 스스로 재미있자고 하는 일인데 획일화된 제작은 제 성향이 아니기 때문이에요.

학교에서 배우는 것과 실제 작업이 다르겠어요.
이 학교에서는 그릇 수업을 많이 하지 않았어요. 주로 조형 작업을 했습니다. 학교 커리큘럼은 작가를 키우기 위한 과정이 대부분인 것 같아요. 그릇에 대한 관심은 학교를 떠나고 나서 생겼다고 해도 무방해요.

유 저도 그래요. 그런데 막상 학교를 떠나 생산에 치이다 보니 내 작업을 더 보여주고 싶다는 욕구가 생기더라고요. 판유리 한 장으로 만드는 접시는 제가 시작했다고 할 수 있는데 이 일을 쉽게 생각하는 사람들도 있고 비슷한 제품을 만들기도 하니 회의감이 들었어요. 저에게 저 동그라미는 그냥 동그라미가 아니에요. 하나의 동그라미가 나오기까지 얼마나 많은 동그라미를 잘랐는데요. 15년 동안 공부하고 연구하면서, 힘을 빼는 게 제일 힘들었어요. 그 시간을 거쳐서 나온 것과 1년 배워서 만든 것에는 차이가 있는데 소비자의 눈에는 쉽게 보이지 않죠. 그래서 더욱 작업을 해야겠다는 생각이 들어요.

원조는 하나고 아류는 차고 넘친다. 아류가 재주를 부리면 원조보다 더 원조처럼 보일 때도 있다. 한 개 정도는 별다른 차이가 느껴지지 않도록 만들 수 있다. 그것으로 돈을 많이 벌어들일 수도 있다. 그러나 갑자기 붙은 불은 쉽게 꺼진다. 우리는 그런 모습을 지겹게 봐 왔다. 왜 한국에는 100년된 브랜드가 없을까. 왜 한국의 유행은 숨이 차도록 몰아쳤다가 어느새 감쪽같이 사라질까. 소비자라고 언제까지 순진한 척할 수 있을까. 그래서 공부하고 고민해야 한다. 나는 어느 쪽에 표를 던질 것인지.

이제 조형 작업에 시동을 걸겠군요.

유 그럴 시점이 된 것 같아요. 하지만 예전과는 달라졌어요. 자기만족으로 끝나는 때는 지났어요. 현재 하고 있는 일과 다르겠지만 분명히 연장선에 있고 상업성과 맞닿은 지점에 있는 작업일 거예요.

이 경험을 해서인지 판매가 목적은 아니지만 팔릴 만한 것에 대한 가치를 알게 되었습니다. 그 점을 염두에 두지 않을 수 없어요. 상업적인 촉이 조금 트였고, 그 재미가 생각보다 커요.

필드에 있는 작가들은 상업적이라는 평을 하겠어요.

이 예전에는 그랬을 수 있어요. 학교도 공예가나 예술가 배출에 집중했으니까요. 그런데 교내 분위기도 점차 바뀌었다고 해요. 수업의 일환으로 트렌드 페어에 참가하기도 하고요.

Heami Lee + OU Glasswork

업계에서는 일종의 선구자인데, 벤치마킹하러 쇼룸에 방문할 것 같아요.
이 쇼룸에 있으면 다양한 손님을 만나게 되는데, 공부하러 온 듯한 분위기를 풍기는 친구들이 늘었어요. 아닌 척해도 티가 나죠. 학교에 재직 중인 분의 말씀으로는 공예과에서 97% 정도가 도예를 선택한다고 해요. 먹고살기 힘들다고 치부되던 분야였는데 요즘에는 제품을 만들어서 팔거나 클래스를 운영할 수 있으니까요. 진입 장벽이 낮다고 생각하는 것 같아요.

원래 그릇을 만들지 않았다고 했는데, 어떻게 시작하게 되었나요?
이 학부생 때 이헌정 작가의 수업을 듣게 되었어요. 선생님이 브랜드 바다 디자인 아틀리에를 만들어서 합류하게 되었는데, 제가 만든 작업에 제 이름을 쓰게 해 주시는 거예요. 쉬운 일은 아니잖아요. 그 일을 통해 내 결과물이 나온다는 사실에 큰 재미를 느꼈고 제 작업의 시초라고 할 수 있는 것들을 만들었어요. 그 이후 한국 도자기에서 일하게 됐어요. 공개적으로 디자이너를 뽑는 경우도 드물고, 도예과 출신이 없다시피 해서 흔치 않은 기회였어요. 일을 시작할 때 가장 궁금했던 건 대량 생산 시스템이었는데 덕분에 많이 배웠죠. 디자이너로 입사했지만 브랜딩도 하게 되었고, 무엇보다 개인 작업하는 걸 긍정적으로 봐 줘서 회사 생활 하면서도 작업에서 손을 놓지 않을 수 있었어요.

유 저는 그 시간에 아이를 낳아 키웠죠. 갑자기 바뀐 삶이 버거웠어요. 차라리 육아와 일을 병행했더라면 더 나았을 것 같기도 해요. 아이에게 집중하다가도 돌아갈 곳이 있었을 테니까요. 그러다 어느 날 아침에 아이가 어린이집에 등원하는 뒷모습을 보면서 정신이 번쩍 들었어요. '쟤도 저렇게 사회생활을 하는데, 나는?' 하고 말이에요. 다시 작업실로 돌아갔고, 작업 방향도 예전과는 사뭇 달라졌어요.

그 휴지기 덕분에 지금의 오유글라스워크가 탄생한 거군요.

유 출산 전과 똑같은 자리에 앉았는데 저 자신이 달라져 있었어요. 학교에서 접시를 만들 때는 무조건 두 장을 겹쳐서 만드는데 그게 참 무거워요. 그런데 3년 동안 육아와 살림을 하면서 가벼운 그릇에 대한 필요성을 절실히 느낀 거죠. 한번 만들어봤는데 괜찮더라고요.

이 저도 가벼운 식기를 선호합니다. 실용성 때문이에요. 실제로 살림을 해 본 사람이라면 알 거예요. 그래서 작업할 때 가장 중요하게 생각하는 지점이 바로 두께감이에요. 물론 얇으면 깨질 염려가 크지만 얇아도 충분히 강해요. 도자기의 강도는 가마 온도와 매우 밀접한 관계에 있기 때문에 잘 조절하면 강하게 만들 수 있어요.

유 그리고 깨져야 또 사죠. 두꺼운 것도 깨지려면 깨져요.

이 대신 사업장에서 들어오는 주문은 아주 살짝 더 두껍게 만들어요. 현장이 급하게 돌아가기도 하고 여러 사람이 쓰면 깨질 확률이 높아요.

유 맞아요. 한 사람이 관리하는 것과 확연히 달라요. 그릇이 깨져서 오는 사람들의 얘기를 들어 보면 대부분 신랑이 설거지하다 그랬다고 한다니까요.

유혜연의 유리는 모난 성격마저 밝아질 만큼 기분 좋은 색상의 향연이다. 다양한 색감과 크기의 유리그릇을 조합하다 보니 시간 가는 줄 몰랐다. 평소 좋아하지 않았던 연보라색이 이렇게 예뻤나. 보라와 노랑이 이렇게 잘 어울리는 조합이었나. 불투명과 반투명의 구성은 또 어떤가. 한편 이혜미의 도자는 질감의 권위자다. 금과 은, 그리고 진주의 생소한 아름다움을 발산하는 도자 그릇은 잔잔하고 오묘한 존재감을 드러냈다. 이혜미는 반짝이는 것이 좋다고 했다. 어릴 때부터 좋아하는 색을 금색이라고 말했다고. 나는 분홍색이나 파란색이라고 했던 것 같은데.

타협할 수 없는 지점이 있다면요?

유 미감입니다. 일단 예뻐야죠.

이 맞아요. 그래야 더 즐겁게 작업할 수 있어요.

유 생산성을 늘리고 싶다고 하면서도 공정이 자꾸 추가돼요. 처음보다 공정이 몇 단계나 늘었는지 모르겠어요. 결과가 더 좋거든요. 더 예쁘다는 얘기예요. 제조 과정을 축약하기 위해 테스트해 본 건데 마감이 미세하게나마 달라지니 포기할 수 없어요. 아무도 모를 정도일 때도 있지만 이미 저는 알아 버렸잖아요. 적당히 하라는 사람들도 있는데 가격을 올렸으면 올렸지 퀄리티는 타협이 안 돼요.

이 아는 걸 어떻게 모른 척해요. 도자도 흙이나 유약에 따라 색감에 미세한 차이가 있어요. 따뜻한 느낌이 좋아서 사용하는 유약이 있는데, 예민한 제품이라 불량률이 높은 편이에요. 그래도 어떡해요. 써야지.

이러니저러니 해도 아름다움이 중요하네요. 대중과 코드가 통한 것 같아요. 실용적으로 사용하는 사람들도 있지만 장식으로 두는 사람들도 많을 텐데요.

유 쓰임도 중요하지만 결국 예뻐서, 그러니까 본인 취향에 맞아서 구매하는 손님들이 많을 거예요.

이 대중의 코드를 읽었다기보다는 운 좋게 타이밍이 맞았다고 봐야죠.

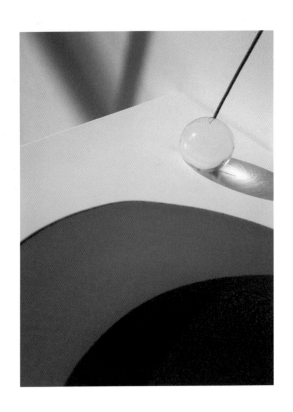

10년, 아니 5년만 빨랐어도 똑같은 작업을 하고 있었을지 궁금하네요. 소비자들은 그릇을 어떻게 받아들이고 있다고 느끼나요?

유 소비자들의 보는 눈이 높아졌어요. 일의 과정이나 결과물, 가격대, 디자인 등 여러 요소에 대해 잘 알고 이해하는 사람들이 많아요. 물론 왜 비싼지, 하물며 깨지냐고 묻는 사람들도 종종 있지만 커뮤니케이션이 활발한 시대에 맞게 재밌게 작업하고 있다고 생각해요.

이 특히 은 작업을 하면서 소비자들의 변화를 느껴요. 은은 황화 현상을 피할 수 없거든요. 은으로 된 주얼리를 오래 방치하면 색깔이 까매지는데, 오버글레이즈 실버(유약을 입힌 도자기 표면에 은을 입히는 작업)는 노란 톤으로 변해서 황동이나 골동품 느낌이 나요. 손대지 않으면 점점 빈티지하게 변하고 그게 이 소재의 장점이라고 생각해요. 은도자기 그릇이라고 하면 어려워하는 경우도 많았는데 지금은 소재가 변하는 과정을 긍정적으로 받아들이더라고요. 그리고 평상시에 계속 사용하면 따로 관리할 것 없이 변색되지 않아요. 저도 과감하게 접근한 건 아니었어요. 그런데 일본에서는 은이 새까맣게 변해도 좋아하는 사람들이 많더라고요. 교토에 있는 찻집에서 까맣다 못해 시커먼 다기를 봤어요. 그걸 보고 너무 아름답다고 하는 거예요. '내가 너무 겁을 냈구나, 재미있게 잘할 수 있을 것 같은데 피드백에 너무 민감했나' 싶어서 만들어 봤어요.

은식기는 많이 봤지만 은을 칠한 도자기는 처음 봐요. 음식을 담을 때는 괜찮은가요?

이 대부분 괜찮지만 피해야 하는 식품도 있어요. 특히 달걀프라이같이 단백질이 많은 음식이 그런데, 그것도 닦아 주면 다시 돌아와요. 인체에 유해한지 궁금한 거라면 전혀 걱정할 필요 없어요. 거뜬히 검사를 통과한 소재예요.

Heami Lee + OU Glasswork

Heami Lee + OU Glasswork

우리가 모여 앉은 자리로 오후의 햇살이 들어섰다. 은그릇에 얇고 길게 빛이 맺혔다. 두께라고 할 것도 없이 얇다. 눈으로 보나 손으로 드나 얇다. 여기에 딸기를 담아 먹고 싶다. 케이크 한 조각을 올려 먹고 싶다. 이 그릇이 한 점 있는 나의 집은 완전히 다를 것 같다. 호수에 돌멩이를 던져 물결이 퍼져 나가는 것처럼 이 그릇 하나로 시작하면 될 것 같다.

모든 제품이 그렇지만 그릇에도 선택지가 어마어마하게 많잖아요. 이딸라, 비전, 아라비아 같은 유명 브랜드도 많고요. 그런데 오유글라스워크나 이혜미의 작품을 좋아하는 이들은 어떤 사람들일까요?

유 이 부분은 저보다 혜미 작가 손님들의 취향이 더 뚜렷하게 보이는 거 같아요. 제 작품을 찾는 분들은 정말 다양해요. 개인 컬렉터뿐 아니라 카페나 레스토랑에서 대량 구매하기도 하고, 아직 취향을 탐색하는 것처럼 보이는 손님들이 작은 제품을 하나씩 사 가는 경우도 많아요. 해외에서는 특히 일본 손님들이 많이 찾아오고요. 이렇게 다양한 소비 군이 있다는 것에는 인스타그램의 영향력이 크게 작용한다고 봐요. 매우 감사하고 있지만 한편으로는 SNS 팔로워가 많은 것을 무조건 긍정적으로 볼 수는 없어요. 대상이 정제되지 않는다고 해야 할까요. 기준의 폭이 넓어지게 되죠.

이 제 그릇을 찾는 손님들은 이미 식기에 대한 경험이 있는 사람들이 많아요. 취향도 일치하고 지출에 대한 부담도 적고요. '시간을 담는다'는 모토로 작업하는데 그 마음이 전달되는 거 같아요. 판매를 위해서 열 올린다고 생각하지 않거든요. 저희가 판매가 목적이었다면 이렇게 운영하진 않았을 거예요.

저도 하려면 객원 기자를 동원해서 콘텐츠 개수를 늘릴 수 있지만, 직접 사람들을 만나고 직접 만드는 게 재미있으니까 느리더라도 제 방식을 고집해요. 같은 맥락인 것 같아요.

이 맞아요. 어떤 손님은 선물을 자주 해야 하는 위치였는데, 제 그릇이 유니크해서 주는 사람도 받는 사람도 기분이 좋아진대요. 쇼룸이 큰 길가에 있는 것도 아니고, 규모도 작은 데다 일주일에 한 번 여는데 굳이 여기까지 방문해서 구매하는 손님들에게 감사하면서도 한편으론 죄송한 마음이 들기도 해요. 하지만 직접 만나서 대화를 나누며 그릇에 담긴 이야기를 듣고 사고 싶어 하는 손님들이 있어 문을 열어요.

작가와 교류하며 하는 소비는 차원이 다르죠. 게다가 작업이 비정형이라서 실제로 봐야 살 수 있을 것 같아요.
이 그래서 온라인 판매 방식이 잘 맞지 않기도 하고요.

언제가 제일 재밌나요?
유 잘 팔릴 때요. 괴로운 지점이기도 합니다. 모든 색깔을 다 작업하고 싶지만 그럴 수 없으니 시즌마다 4~5가지를 고르는데 고민이 많아요. 어떻게 조합하느냐에 따라 그릇의 느낌이 천차만별이니까요. 사실 이 작업의 재미는 그거예요. 사람의 취향은 각기 다르고, 너무 다양하고, 그래서 재미있어요. 저는 형태에 제약이 많아서 컬러 활용도가 높은 편이기도 해요. 판유리를 쓰기 때문에 높이를 표현할 수 없어 컵이나 화병 같은 제품이 없는 거예요. 만들 수는 있지만 두꺼워져요.
이 저는 머릿속으로 상상할 때가 가장 재밌어요. 지금은 많이 내려놨는데, 항상 시간이 아까워서 머리 비우는 걸 못 견뎠어요. 한마디로 열정이 넘쳤던 거죠. 손으로 작업하면서 동시에 머리로 아이디어를 낼 수 있다고 생각했어요. 그렇게 해 보니 깨닫게 된 건, 상상으로는 누구나 뭐든지 할 수 있다는 거예요. 생각이 손으로 넘어와서 직접 만들어 보고 그 과정이 끝나야만 배울 수 있는 게 있어요. 그래서 상상은 재미있게 하고, 손으로 만들 땐 많이 덜어 내는 연습을 해요. 또 재미있을 때는 혜연 작가 말대로 피드백받을 때예요. 잘 팔리는 것도 좋지만 직접 사용해본 손님들이 긍정적으로 얘기하면 정말 행복해요.

유 제가 하려던 말이 그 말이었어요.

이 둘을 보고 있으면 웃기다는 말이 절로 나온다. 유혜연은 솔직하고, 말이 빠르고, 통통 튀는 매력이 있었다. 인물 촬영을 한다고 말해 두었는데 본인 말에 의하면 아무거나 주워 입고 나왔다. 그래도 자신이 만드는 그릇과 꼭 닮은 모습이었다. 마치 그릇이 자기고 자기가 그릇이라는 듯이. 이혜미는 밝고, 신중하고, 선한 기운을 냈다. 옷과 화장에 신경을 썼고, 사진발을 잘 받는 방향으로 섰고, 어떤 말을 하고 내용을 싣는지 확인했다. 일주일에 하루 여는 도자 쇼룸과 한 달에 한 번 여는 유리 쇼룸, 이혜미의 친절한 조율이 아니었더라면 우리는 영영 만나지 못했을지도 모른다. 비슷한 만큼 다른 둘은 맞물려 굴러가는 톱니바퀴다. 유혜연이 말을 던지고, 이혜미가 살을 붙이고, 유혜연이 동조하고, 함께 웃었다.

두 분은 어떻게 친해지게 된 거예요?

유 타일 브랜드 윤현상재의 마켓에 참여했는데 옆자리였어요. 오래된 사이 같아 보이지만 만난 지 3년 정도밖에 안 됐어요. 작업실이 이렇게 가까워진 것도 2년이 채 안 돼요.

취향이나 작업은 비슷한데 성격적으로 보완되는 사이 같아 보여요.

이 둘 다 기혼이라는 점도 크게 작용한 것 같아요. 엄청난 공감대잖아요. 험담도 나누고요.

Heami Lee + OU Glasswork 277

작업에서도 영향을 주고받는다고 할 수 있을까요?

이 혜연 작가가 워낙 재료 분야에 밝아서 도움을 많이 받아요. 형부도 같은 분야의 일을 하거든요.

유 아버지가 재료 공학을 공부하셨어요. 신랑은 안료 같은 재료를 다루는 회사에서 일했었고요. 이탈리아의 페어에 갔다가 만난 사이에요.

이 서로 얘기하지 않아도 각자 만들어 놓은 걸 보면 놀라울 만큼 비슷합니다. 그래서 같이 작업하고 싶은 게 많아요.

물성이 달라서 다행이라는 생각이 드네요. 작업 중에 괴롭다고 느끼는 점도 있겠죠?

유 하고 싶은 것은 많지만 다 할 수 없다는 점이 가장 그렇습니다. 개인전도 하고 싶고 해외에서 연락도 오는데 지금은 국내 생산만 해도 벅차요. 앞으로 그릇 작업에 변화를 준다면 저를 생산에서 분리하는 것부터 시작할 거예요. 예전부터 직원을 두라는 얘기를 들었지만 저는 스스로 부딪치고 깨지고 느끼고 체득해야 되는 사람이에요. 어차피 남의 말을 잘 듣지 않아요. 오유가 저고 제가 오유인걸요. 그래서 분리하라는 말을 이해할 수 없었는데 어느 순간 주문과 생산을 반복하고 있는 제 모습이 행복해 보이지 않더라고요. 이제는 굳이 제 손을 거쳐야만 하는 일도 아니게 되었고요. 그 생각을 하게 된 이유도 가족 때문이에요. 집은 광교에 있고 남편이 육아를 전담할 수 있는 상황도 아닌데 저는 계속 공장에 있어야 하고요. 일을 오래 하기 위해서라도 조만간 경기권으로 설비를 옮겨 가족과 보내는 시간을 늘려야겠다고 생각하고 있어요.

Heami Lee + OU Glasswork   **279**

클래스도 인기가 많더라고요.

유 처음에는 지인의 공간에서 매달, 매번 커리큘럼을 바꿔 가며 진행했어요. 다시 말해, 바쁘면 커리큘럼을 못 짜기 때문에 수업을 못 하는 거예요. 어차피 매번 같은 사람들이 오는 게 아니니 지난 수업 그대로 진행해 달라고 요청받아서 지금은 같은 내용으로 매달 하고 있어요. 기획이 더 다양하면 좋겠지만 직접 관여해야 하는 부분인데 여력이 되지 않아요. 이 역시 직원과 함께하면 되지 않냐고 하지만 교육 사업을 하려는 게 아니잖아요. 수업 내내 혼자 설명하니 에너지 소모도 크지만 수강생에게 배울 점도 많고 그들에게 받는 에너지 또한 커요. 클래스를 하게 된 계기는, 아버지와 독일에서 열리는 세계 3대 유리 박람회에 갔는데 한 할아버지가 작은 부스에서 전자레인지로 유리를 녹이는 거예요. 5분 만에 녹는다면서 어떤 도구 안에 유리를 넣고 전자레인지에 통째로 돌리더라고요. 보통 가마에서는 아무리 빨라도 40~50분은 있어야 온도가 800도까지 올라가거든요. 너무 신기해서 도구를 구입하고 그걸로 액세서리 클래스를 했어요. 사람들이 점점 더 큰 물건을 만들고 싶어 해서 지금의 클래스로 발전한 것이고요. 물건의 사이즈가 커지면 온도를 천천히 올려야 하기 때문에 그릇은 가마에서 구워 택배로 보내고 있어요.

처음과 현재를 비교해서 달라진 것들이 있다면요? 그러니까 작업 방식이나 태도 같은 것들이요.

유 이제 5년이 됐는데, 인스타그램 팔로워가 급증하면서 개인적으로 아쉬운 점이 생겼어요. 초기에 소통하던 사람들은 제품 자체에 대한 피드백을 주었다면 지금은 다각도로 보는 사람들이 많아지면서 온라인으로 장사하는 느낌이 살짝 들어요. '이건 얼마예요?' 같은 댓글도 자주 달리거든요. 그런 면에서는 흥미가 약간 떨어지기도 했죠. 한편으로는 처음엔 홍보도 부끄럽고 가격을 매기는 일도 어려웠는데 점점 찾는 사람들이 생기고 실제로 제품을 구매해 사용하는 모습이 눈에 보이니 재미있어 졌어요. 비즈니스라는 걸 알게 된 게 가장 큰 차이에요. 재미있는 일을 했더니 사업이 되었다는 건 매우 감사한 일이지만 이렇게 접근하는 건 위험해요. 저는 환경이 뒷받침되었잖아요. 판유리를 다른 업체에 맡겨서 자른다고 하면 이 가격에 팔지 못해요. 운이 좋았던 거지, 사실 진입 장벽이 낮은 일은 아니에요.

이 저는 큰 변화는 못 느끼고 있어요. 자연스럽게 끊임없이 작업해 왔고, 혜연 작가처럼 어떤 계기가 있던 것도 아니고요. 물론 느낌이야 조금씩 달라지긴 하죠. 갈수록 정제되는데, 대중의 취향을 고려해서 그런 것 같아요.

끝으로, 오유글라스워크의 뜻은 무엇인가요?

유 엄마 성이 '오', 아버지 성이 '유'예요. 아버지 공장이 '오유 세라믹스'.

이 질문을 들으니 생각나는데, 얼마 전에 '혜미'가 브랜드 이름이냐고 묻는 손님이 있었어요. 다들 그렇게 여기는 거 같아요. 하지만 저는 브랜드를 만든다면 혜미라고 하지는 않았을 거예요. 작품을 만들면 서명하듯이 넣은 건데 헷갈려요. 이름이 브랜드처럼 되니까 마치 나르시시즘에 빠진 사람 같잖아요.

유 혜미 작가의 브랜드는 '혜미'인 거죠. 지금은 개인도 브랜드가 되니까요.

'마크 바이 마크 제이콥스' 같은 거네요. '혜미 바이 이혜미'. 오히려 자연스럽게 그렇게 인식돼서 너무 좋은데요? 똑같은 일이라도 이름이 붙으면 다른 레벨이 되는 거 같아요.

나의 성, 나의 이름이 브랜드가 되는 것은 멋진 일이다. 나는 계획하고 계산해서 되는 일보다는 그냥 좋아서, 재미있어서 하다 보니 이렇게 되어 있더라는 이야기를 좋아한다. 어쩐지 더 진정성이 있는 것 같아서라는, 요즘 같은 때엔 그다지 어울리지 않을지도 모르는 주관 때문이다. 좋아하고 재미있는 것을 이길 만한 것이 또 있나? 계획보다는 마음의 유효 기간이 훨씬 더 길다고 믿는다. 이혜미는 유럽 여행을 떠나서도 가방에서 주섬주섬 접시를 꺼내는, 길거리에 앉아서 먹는 편의점 포도 몇 알도 은접시에 담는 진정한 그릇쟁이였고, 유혜연은 수없이 실험과 연구를 반복하고 또 반복하고 또 반복해서 이미 완성된 제품을 더 완성하는, 공예가인 척하는 연구가였다.

만 21개월 아이와 함께 사는 나에게 오롯한 취향을 담을 수 있을 만한 공간은 점점 줄어들고 있다. 평생 요리다운 요리를 손에 꼽을 만큼 해본 사람이 갑자기 그릇에 눈을 뜰 리도 만무하다. 언젠가 정말로 종잇장처럼 얇은 유리와 도자 그릇을 소유하게 되는지 확신할 수 없지만 적어도 좋아하는 그릇이 있는 생활에 대한 기대감은 커졌다. 전날 밤 먹다 남긴 치킨 한 조각도 에어 프라이어에 다시 튀겨서 예쁜 그릇에 담아 먹을 거라는 작은 다짐과 함께.

BRAND INFO

INSTAGRAM: @heami_ / @ouglasswork

Heami Lee + OU Glasswork

삶의 중요한 조각은
우리 주변으로부터

어라운드
Around

편집장 김이경

About

소소한 일상에서 그들만의 시선으로 찾은 가치를 담아내는 매거진. 격월로 발행하며 매호 다른 주제를 풀어낸다. 『어라운드Around』 외에도 매거진 『위Wee』, 『도어Dor』와 여러 단행본을 출간하고, '어라운드 빌리지'를 운영하는 등 생활을 입체적으로 바라볼 수 있는 다양한 문화 콘텐츠를 제공한다.

"초반에 그런 이야기를 많이 들었죠.『킨포크』와 내용이 전혀 달랐는데 표지의 분위기가 비슷해서 그랬을 거예요. 매거진보다는 단행본에 많이 쓰이던 표지 디자인이었어요. 굳이 배경을 말씀드리면『킨포크』는『어라운드』를 기획하고 준비하던 중에 창간됐어요. 물론 우려가 됐지만 이미 진행하고 있던 걸 어쩌겠어요. '한국의 킨포크'라니 개인적으로는 고마운 소리였어요.『어라운드』를 알리는 데 일조한 건 사실이니까요. 아무에게나 붙여 주는 수식어도 아닐 테고요. 사실『킨포크』보다는 제가 오래전부터 좋아하고 읽던『1391』이라는 책이 있는데 그 표지가 그렇게 생겼어요. 두 여성이 만드는 책이고, 둘 사이의 거리를 나타낸 이름이에요."

'킨포크Kinfolk'. 한마디로 설명하기 어려운 세련되고 매력적인 감성의 대명사. 어느 날 미국 포틀랜드에서 출간된 잡지『킨포크』가 세상의 많은 사람을 매혹시켰다. 그런데 내가 만든 잡지가 한국의 킨포크라는 얘기를 들으면 기분이 어떨까. 있을 수 있는 일이라고 생각하면서도 듣는 사람의 마음에 따라 다르게 받아들일 것이다. 김이경은 여유로운 마음과 템포를 가진 사람이었다.

김이경과『어라운드』의 대표직을 맡고 있는 남편, 5살 아들 지오와 올해 태어난 딸 아림이는 호텔 어라운드, 즉 사옥 위층에 살고 있다. 아무도 출근하지 않은 일요일에 사옥을 찾았다. 김이경은 편집장이라는 직함이 주는 날카롭고 흐트러짐 없는 이미지에 대한 고정관념을 무너뜨리며 계단을 내려왔다. 출산의 기운이 채 가시지 않은, 부드럽고 포근한 분홍빛 원피스 때문이었는지 모른다. 혹은 화장기 없는 얼굴과 다소 부스스한 머리칼 때문이었는지도. 인터뷰 전, 자료를 찾으며 본 김이경의 인상은 마냥 푸근한 느낌이 아니었는데, 카메라 렌즈를 통해 그를 마주하고서야 알았다. 단지 눈빛이 단호할 뿐이라는 것을. 김이경은 커피를 내리는 동안 약한 사투리가 섞인 말투로 패브릭 브랜드 키티버니포니 김진진 대표와 고향이 같다는 사실, 우리 셋이 동갑이고 모두 아들을 둔 엄마라는 사실 등을 스스럼없이 나누었다.

아이 둘을 키우면서 편집장 일까지 하고 있다는 게 대단해 보여요. 하루가 짧을 것 같아요.

김이경 집과 사무실이 근접해서 출퇴근 시간이 들지 않는다는 장점이 있어요. 아이를 돌봐주는 분도 있고요. 그리고 상상하는 것보다 바쁘지 않아요. 저는 반드시 해야 하는 일만 맡고 직원들에게 상당 부분을 배분했어요. 직장인은 아프면 쉬고 힘들면 그만둘 수 있지만, 저는 둘 다 허락되지 않는 위치예요. 그래서 일과 삶을 건강하게 유지할 수 있는 방법을 계속 찾았어요. 어느 쪽도 포기할 수 없기 때문에, 둘 다 잘하려고 하기보다 균형을 맞추려고 매일 파도를 타요. 사람을 만나는 시간도 줄였어요. 온종일 사람들을 만나고 집에 돌아오면 왠지 모르게 마음이 텅 비더라고요. 어린 나이부터 일을 시작했더니 이제는 내 시간이 절실하다고 느껴요. 지금은 제가 좋아하는 것을 하는 시간을 늘렸고요. 예전에는 굉장히 외향적인 생활을 했고 그게 『어라운드』에 도움이 됐지만 지금은 제 안에 단단함을 만드는 게 더 중요해요. 그런 면에서 가정이 있다는 게 큰 힘이 되네요.

『어라운드』도 그렇지만 『위』야말로 삶의 확장판 같은 느낌이겠어요.

『어라운드』의 모든 것이 저의 관심사에서 시작해요. 아이를 낳고 키우니 그전과는 아주 다른 삶이 펼쳐지더라고요. 개인적으로 육아는 아름다운 예술이라고 생각하지만 동시에 매우 어렵죠. 그래서 많은 부모가 육아서를 찾는데, 매뉴얼 같은 책들이 대부분이었어요. 그 방식이 잘 맞는 가정이 물론 있겠지만 아이에게 자꾸 규칙을 내세우는 것은 제 육아 방식이 아니었어요. 다른 가정에서는 아이를 어떻게 키우는지 궁금해졌고 그 내용을 다루고 싶었습니다. 부모가 다양한 콘텐츠에 자신을 투사하고 깨치는 과정이 중요하지 모두 같은 이론을 따르는 건 이상한 것 같아요. 부모마다, 또 아이마다 모두 다른 존재잖아요.

Around

우리 집 책장에도 유명한 육아 바이블, 또는 매뉴얼이 몇 권 꽂혀 있다. 갓 태어난 아이에게 밥을 어떻게 줘야 하는지, 잠은 어떻게 재워야 하는지, 자라면서 시시각각 달라지는 아이를 어떻게 대해야 하는지 등이 구체적이고 추상적으로 설명되어 있다. 책에서, 또는 인터넷에서 하는 얘기들을 아이에게 적용해 본 적이 더러 있었다. 어떤 것들은 잘 맞고, 어떤 것들은 도통 들어맞지 않았다. 친구들의 아이까지 대입해 보면 그야말로 천차만별이었다. 그러니까 적용이 잘 된다면 육아가 조금 수월해질 수도 있는 정도이지 무조건 그렇게 해야 한다는 것도, 할 수 있는 것도 아니었다. 하지만 제대로 흘러가지 않는 듯한 육아를 자신의 탓으로 돌리는 엄마들이 많았다. '제가 태교를 잘 못해서요', '제가 어렸을 때 편식을 많이 했는데요', '제가 성격이 이러한데 닮으면 어쩌죠.' 그러나 엄마와는 상관없다. 아이마다 아이만의 세계가 있다.

지오는 통제하기 힘든 아이였어요. 한시도 가만히 있지 못하는 건 기본이고 물건을 집어 던지기도 했어요. 갑자기 멍해지거나 돌발 행동도 했고요. 오죽하면 어린이집에서 힘들다고 연락이 왔겠어요. 그런데 저는 타인에게 피해가 가지 않는다는 전제 하에서는 아이의 행동을 문제로 받아들이지 않았어요. 단순히 기질과 성향이라고 생각했거든요. 어린이집을 옮기게 되며 그사이 몇 달 동안 꼼짝없이 저와 붙어 있게 됐어요. 저는 그림책 읽어 주는 것밖에 할 게 없었어요. 책을 통해 무엇을 제공해야겠다는 생각은 없었고, 단지 제가 가장 편하게 아이와 시간을 보낼 수 있는 방법이었어요. 그런데 지오가 진득하게 앉아 있게 되고 제 말을 귀담아듣기 시작하는 거예요. 알고 보니 습득하는 것에서 성취감을 많이 느끼는 아이였어요. 단순히 자주 안아 주는 식의 애정보다 함께 뭔가 하기를 원했나 봐요. 그러니까 엄마와 같이 뭔가를 한다는 것 자체가 중요했던 거예요. 그 시간이 우리에게 큰 전환점이 되었죠.

가정을 이루고 아이들을 키우면서 일을 대하는 방식도 변했나요?
지오가 반응이 즉각적으로 오는 성격이라 제 자신이 누군가에게 중요한 사람이라는 느낌을 받았고 육아에 대한 성취감도 컸어요. 아이가 느려도 조급해하지 않으려고 하죠. 지오가 달리기를 좋아하는데 유치원에 가니 더 빠른 친구가 있다는 거예요. 충격을 받았는지 달리기 학원에 보내 달라고 하더라고요. 그래서 속상해하지 않아도 된다고 얘기해줬어요. 그 친구는 너보다 달리기를 잘하지만 너는 아마도 그 친구보다 책을 더 많이 읽었을 거라고. 사람마다 잘하는 게 다른데, 지오만 다 잘하면 친구들이 어울리고 싶어 하지 않을 거라고 했더니 수긍하면서 마음을 추스르더라고요. 이 과정들을 겪으면서 저 자신도 성숙해지고 그게 직장 생활에도 적용됐어요. 직원마다 다른 능력과 장점이 있으니 각자 잘 맞는 일을 배분하려고 노력하죠. 처음에는 모두 잘했으면 좋겠다는 욕심이 있었는데 아이를 키우면서 배웠어요. 사람은 다르고 쉽게 변하지 않는다는걸. 그래서인지 아이 낳고 여유로워졌다는 얘기를 종종 들어요.

꾸밈없는 상태로 마주한 『어라운드』의 공간은 편안하고 친근감이 돌았다. 책상과 책장 사이사이에서 채 식지 않은 치열함이 배어 나오기도 했지만 인위적이거나 긴장감을 돋우는 장치가 없었다. 뻔한 표현이지만 주인장을 닮았다.
곳곳에 꽂혀 있는 세상의 수많은 책들, 곳곳에 쌓여 있는 『어라운드』, 너무 많이 들춰봐서 해진 표지들과 새로 인쇄되어 종이 질감이 빳빳한 페이지들 사이에서 쾌감이 느껴졌다. 책이야말로 시공간을 초월한 새로운 세계로의 초대, 타임머신 같은 보물이다. 그래서 집에는 늘 시작하지 못한 책들이 쌓여 있는데 또 새 책을 사고, 수없이 읽었던 소설책을 펼쳐 보는 것이다.

저는 어릴 때부터 책을 정말 좋아했어요. 읽든 안 읽든 항상 책이 곁에 있었어요. 지금도 그렇고요. 하지만 잡지나 종이책 얘기를 하면서 사양 산업 이슈를 논하지 않을 수가 없네요.
그동안 많은 콘텐츠 플랫폼이 광고비로 먹고살았는데 『어라운드』는 판매로 유지해 왔어요. 독자층이 광범위한 콘텐츠 특성상 광고가 잘 붙는 것도 아니지만 우리가 제대로 광고한 적도 없었어요. 한 잡지사의 편집 장님이 물어 온 적이 있어요. 어떻게 해야 많이 팔리냐고. 판매나 홍보에 대한 답은 아니지만 단순히 『어라운드』가 예뻐서 구매한 사람들이 많아요. 읽지는 않고 인테리어 소품으로 활용하는 경우도 봤고요. 출판업계에서는 그걸 조금 수치스럽게 생각하는 경향이 있어요. 저도 그랬어요. 기분이 나쁘지는 않지만 자랑거리는 아니라고 생각했죠. 그런데 잡지를 펼쳐 보니 내용도 좋다는 리뷰들이 하나둘 올라왔어요. 책도 하나의 물

건이잖아요. 어떤 형태로든 책을 접하고 독서를 시작하게 된다면 그것 또한 우리의 역할이 아닐까 해요. 사실 저는 학창 시절에 책을 그다지 좋아하지 않았어요. 끝까지 읽은 소설책이 손에 꼽을 정도예요. 성인이 돼서도 독서 행위보다는 책이라는 물성을 좋아했던 것 같아요. 대학생 때 북아트에 재미를 붙여서 북 디자이너로 취직을 했는데, 생각했던 것과 전혀 다른 일이었어요. 책이라는 매체를 통해 하는 예술인 줄 알았던 거죠. 북 디자인은 적성에 아주 잘 맞았습니다. 제 작업이 서점에 깔리는 걸 보면서 성취감도 많이 느꼈고요. 그래서 알았죠. 나는 순수예술보다 디자인이 더 잘 맞는 사람이구나.

STAFF ONLY

책을 별로 읽지 않았다니, 북 디자인이야 디자인의 영역이라고 하더라도 편집장의 일은 다르지 않나요?

오히려 책을 너무 많이 읽었더라면 지금의 편집장 역할을 제대로 하지 못했을 것 같아요. 전반적인 흐름이나 내용보다 잘 쓴 글에 집착했을 것 같거든요. 일로써 책을 접하니 독자보다는 제작자의 입장에서 바라볼 수 있었어요. 이 책은 이렇게 바꾸면 더 좋아질 텐데, 하는 시선으로.

미처 생각지 못한 장점이네요. 『어라운드』이전에 『플레이 그라운드』라는 책을 독립 출판한 적이 있다고요.

출판사로 이직했는데 법정 스님이나 류시화 시인 등 베스트셀러 작가들의 책을 내는 곳이었어요. 판매량이 많았지만 그만큼 제약도 많았죠. 저는 더 재미있고 다양한 책을 내고 싶어서 필름 카메라에 대한 독립 출판물을 냈어요. 당시에 시중에 있는 카메라 콘텐츠는 사진을 찍는 방법이나 카메라 조작 방법에 대한 이론서가 전부이다시피 했어요. 하지만 제 생각에 테크닉은 배우면 되는 부분이고, 사진 자체는 그게 다가 아닌 것 같았거든요. 마침 몸담고 있던 사진 동호회의 작품들로 『플레이 그라운드』를 냈어요. '어른들의 놀이터'라는 뜻으로 생각보다 반응이 좋았습니다. 그 뒤로도 계속 작업을 했는데 부지런한 사람이 못돼서인지 출간까지 이어가기 쉽지 않았어요. 체계가 필요하다고 느꼈지만 익히 알고 있는 출판사나 잡지사의 모습이 아니었어요. 그래서 만들어진 게 『어라운드』였던 거죠. 여기저기에 계획을 말하고 다니니 같이 하고 싶다는 친구들이 생겨서 함께 창간하게 됐어요. 잡지를 만들어 본 적 없는 사람들뿐이었는데 그래서 더 좋았어요. 저는 아직도 다른 잡지사에선 어떻게 일하는지 모릅니다. 하나하나 부딪쳤고 그때그때 필요한 규칙을 세웠어요. 그렇게 햇수로 8년이 되었네요.

오히려 경험이 전무해서 가능했을 것 같아요. 따지는 사항이 많아지면 무거워지더라고요. 그렇다 해도 쉽게 되는 일은 아니죠.

창간 당시 느낀 현실은, 새로운 일을 하려면 인지도가 필요하다는 거였어요. 하지만 전혀 없었죠. 잡지 산업에 계신 분들에게 부정적인 얘기도 들었습니다. 광고를 따 놓고 창간해야 한다고 조언해 줬는데 저는 광고에는 관심이 없었어요. 꽤 대책 없고 순진해 보였을 거예요. 창간을 앞두고 블로그에 쓴 글을 기억해요. 일본에는 정기 구독만으로 유지되는 잡지도 있는데 왜 우리나라에서는 안 된다고 하는지, 내가 직접 해 보고 확인해야겠다는 글을 썼는데 공감해 주는 사람들이 많았어요. 댓글로 응원해 주고 정기구독 신청도 해 주었는데 그걸 보고 울컥했던 기억이 나요.

직관적인 스타일이군요. 의심하지 않고 돌아보지 않고 직진하고요.
오래 고민하는 편이 아니에요. 남들이 아니라고 해도 제가 좋다고 생각하면 합니다. 어릴 때부터 그랬어요. 엄마 말을 잘 안 들었는데, 정면으로 맞서기보다 능청스럽게 은근슬쩍 하고 싶은 거 하면서 컸어요. 대학생 때는 빈티지 의류에 빠져서 갑자기 인터넷 쇼핑몰을 운영하기도 했어요. 집 한구석에서 언니한테 옷을 입히고 사진 촬영하고 그랬죠. 엄마는 이해하지 못했을 텐데, 쇼핑몰이 잘되니까 어느 순간부터는 배송을 돕고 계시더라고요. 늘 직접 부딪치며 살아와서 겁이 별로 없어요.

저도 사람들을 모아 독립 출판을 해 봤는데 정말 쉽지 않더라고요. 한 권은 어떻게든 나올 수 있어요. 그런데 다음 한 권을 내고, 계속 활동을 유지한다는 건 완전히 다른 차원의 일이에요.
맞아요. 처음은 상대적으로 쉽게 할 수 있고, 어쩌다 한 번 대박도 날 수 있어요. 그보다 훨씬 어렵고 중요한 게 유지하는 일이에요. 유지는 답도

Around

없어요. 계속 같은 흐름으로 가면 지겨워하고, 새로운 시도를 하면 낯설어하죠. 그래서 아주 조금씩 느껴지지 않을 만큼 바꿔 왔는데 내부적으로는 한계에 부딪치더라고요. 이제는 새로움이 필요해진 시점이라 판단해서 리뉴얼을 했어요. 리뉴얼도 얼마든지 할 수 있어요. 그다음이 관건입니다. 너무 부담 갖지 않으려고 해요. 창간도 리뉴얼도 하나의 과정이고 다듬는 작업이지 절대적인 결과는 아니니까요.

창립 멤버로 참여했던 독립 출판은 잡지를 만들려고 했던 처음 기획과는 다르게 결과적으로 단 한 권의 단행본이 되었다. 하지만 많은 걸 배웠다. 다시는 그런 형식으로 하지 말아야겠다는 큰 배움이다.

『어라운드』가 창간된 8년 전이면 독립 출판이라는 개념이 조금씩 일반화되기 시작할 즈음이다. 어느새 해방촌의 터줏대감이 된 독립 서점 스토리지북앤필름이 2008년 오픈했고, 독립 서점 유어마인드가 주최하는 서울 아트 북 페어 언리미티드 에디션이 2009년에 첫 회를 시작했다. 출판사가 아닌 일반인이 책을 낸다는 게 생소할 때 한두 권의 단행본도 아닌 잡지를 매 월 내겠다는 용기는 어디에서 난 건지. 그런데 그 패기가 사람들에게는 자극이 되고 새로움이 되었던 것이다.

아무나 책을, 그것도 잘 만든 책을 낼 수 있고 그걸 많은 사람들이 봐 주는 게 가능하다는 걸 증명한 셈이에요.

'아무나'라는 표현이 무례한 것 같지만, 어쨌든 아무나가 만든 책이라 독자들은 쉽게 공감했을 것 같아요. 그 안에서도 관심을 많이 받는 콘텐츠는 어떤 건가요?

인터뷰에 공을 들이고 있지만 실질적으로는 에세이에 대한 반응이 커요. 특히 여행기요. 인스타그램에서는 여행기에 대한 피드백이 압도적이에요. 도시에 대해서 딱 세 번(제주, 경주, 강원)을 다뤘는데 그동안 잘 팔렸던 이슈를 뽑으면 세 곳이 모두 포함됩니다.

그래서『도어』를 창간했군요.

네. 일반적으로 찾을 수 있는 시티 가이드는 핫 플레이스를 소개하는 콘텐츠가 많은데, 그런 방식이 소모적이라고 생각했어요. 그보다는 도시를 이루고 있는 사람들과 환경을 얘기하고, 그들의 이야기를 통해 지역에 관심이 생기면 직접 가 볼 마음이 생기지 않을까 했거든. 다만 관광청의 협조를 구해서 해외로 직접 인터뷰하러 다니는 일이 금전적으로나 물리적으로 부담이 컸어요. 간혹 현장에서 스케줄이 취소돼서 새로 섭외해야 하는 일도 생기고요. 물론 성취도 있었어요. 호주 스킨케어 브랜드 이숍Aesop의 경우 최초의 인터뷰였고 특히나 매장에서 이뤄지는 경우는 없다고 하더라고요.

도시 잡지 『도어』는 대만의 타이베이 그리고 호주의 멜버른을 다룬 이후로 멈추어 섰다. 『도어』만이었다면 더 잘했겠지만 『어라운드』를 놓을 수 없어서 잠정적으로 중단된 상태다. 정지가 아니라 일시 정지. 호기롭게 시작해 점차 채운 공간보다 빈 공간이 더 많은 나의 프로젝트들이 떠올랐다. 망설임 없이 도전하고 시작하는 사람, 뒤돌아보지 않는 사람들의 흔적이다. 아무렴 어떤가. 아무것도 채워지지 않은 것보다 낫고, 빈 공간은 때가 되면 천천히 채우면 될 일이다.

Around

한편 『어라운드』의 핵심은 '유행 타지 말 것'입니다. 트렌드에 민감하지 않은 잡지죠. 그동안 봐 왔던 잡지에는 제가 살 수 없는 옷, 살 수 없는 가구만 잔뜩 실려 있었어요. 실제 삶과 동떨어진 내용이라 우리 주변에 대한 이야기를 하고 싶었고 그래서 이름도 『어라운드』가 된 거예요. 조금만 돌아보면 할 수 있는 게 많은데 모두 놓치고 저 멀리 있는 걸 잡지 못해서 발을 동동 구르는 게 안타까웠어요. 그래서 한창 빠져 있던 캠핑이나 가족에 대해 다뤘더니 공감해 준 것 같아요. 더욱 노골적인 광고가 어울리지 않는 잡지가 된 셈이에요. 종종 결이 맞는 브랜드와는 협업하기도 하는데 독자들이 거부감을 느끼지 않도록 콘텐츠에 자연스레 녹여내고 있어요.

독자들이 『어라운드』를 편안하게 느끼는 이유네요. 위화감이 들지 않는 자신의 이야기인 거죠.

그걸 알면서도 잠깐 잊었나 봐요. 8년 동안 한결같은 얘기를 해 오면서 사람들이 정말로 이런 걸 계속 원하는지 궁금해졌어요. 그래서 조금 전문적으로 다뤄 봤는데 역시나 반응이 미비했어요. 『어라운드』 독자들은 복잡한 세상에서 벗어나 편안한 시간을 보내기 위해 우리 책을 펼치는데 말이에요. 요즘 『어라운드』를 다시 공부하는 기분이에요.

아마추어의 시대라고 해도 과언이 아니다. 그만큼 프로와 아마추어의 경계가 무의미해졌고, 글 쓰는 사람만 글 쓰지 않고 그림 그리는 사람만 그림 그리지 않는다. 오히려 하지 않는 사람이 한 것을 선호하는 경향도 생겼다. 되레 참신하고 편안하게 접근할 수 있기 때문이다. 김이경이 어느 인터뷰에서 너무 잘 찍은 사진은 거른다고 했는데 그 말이 뇌리에 박혔다. 인터뷰하는 테이블 뒤에 커다란 인물 사진이 걸려 있었는데 전신사진이라고 하기엔 목도, 발목도 잘려 있고 초점도 나가 있었다. 김이경이 그 사진을 가리키며 말했다.

300

Around

잘 찍은 사진에 대한 기준이 다른 것 같아요. 완벽한 느낌의 사진은 『어라운드』와 어울리지 않아요. 이론적으로 틀리고 어딘가 어설프지만 마음이 끌리는 사진들이 있어요. 킨포크와 비교될 때도 우리는 한사코 사양했어요. 킨포크는 잘 정돈되고 세련됐잖아요. 예전에는 에디터들이 사진을 많이 찍었어요. 인터뷰어와 포토그래퍼가 따로 작업하는 것보다 한 명이 콘텐츠 전체를 다루는 게 더 일관적이고 연결성이 좋거든요. 적어도 『어라운드』 에디터들은 글만 잘 쓰는 게 아니라 다양한 능력치를 얻지 않았을까 싶습니다.

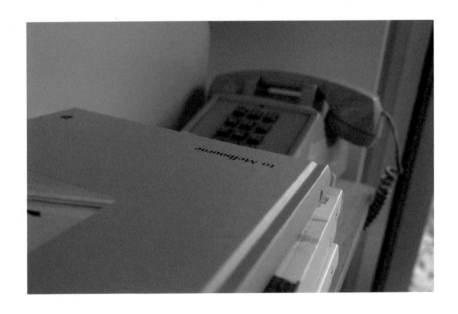

에디터라는 직업이 글뿐만 아니라 여러 분야에서의 시선과 능력을 키우는 일인 것 같아요. 그렇다면 편집장의 능력으로는 무엇이 필요한가요?

에디터와 비교하자면 편집장은 큰 그림을 보는, 지휘자 같은 역할을 합니다. 편집장이 글을 잘 쓰면 좋겠지만 반드시 그럴 필요는 없다고 생각해요. 그보다는 기획력이 중요하고, 매체에 어울리는 것들을 골라내고, 스태프들을 다룰 수 있는 능력이 필요하죠. 초창기에는 저에게 편집장 자질이 있다고 생각하지 않았어요. 북 디자이너로 일하다 왔는데 뭘 알겠어요. 당시 에디터는 글만 잘 쓰면 되고 글이 잡지에 실리는 형태는 디자이너의 몫이라는 인식이 강했는데, 저는 북 디자인을 했으니 처음부터 글과 이미지의 레이아웃을 함께 고민했어요. 그런 부분에서 저도 모르는 새에 에디터들의 신임을 얻었던 것 같아요. 제가 잘해서라기보다는 함께 했던 친구들이 제 결정을 믿어주고 편집장으로 만들어 줬어요. 나이 차이도 고작 한두 살밖에 나지 않았는데. 그래서 지난 8년 동안 생각보다 인터뷰를 많이 하지 않았어요. 편집장으로서 어떤 이야기를 할 수 있을지 몰랐거든요.

그래도 『어라운드』를 거쳐 간 많은 이들과 함께 여기까지 끌고 온 힘이 있을 텐데요.

초반에는 체계가 없으니 야근이 잦았어요. 그렇게 해서는 오래 일할 수 없겠더라고요. 제가 할 수 있는 부분은 결정을 빨리 내리는 거였어요. 보류보다 제시된 안을 발전시키는 방향을 택하고, 가능하면 논의사항을 회의할 때 결론 짓고요. 쉬운 일은 아니지만 그래야 직원들이 효율적으로 일할 수 있어요. 리더의 자질이라고 생각하는 게 있다면 억지로 시키지 않는 것이에요. 새로운 일을 할 때 그 일을 왜 해야 하는지 제대로 설명해요. 그래야 동기 부여가 되고 더 재미있게 일할 수 있는 것 같아요.

Around

끈기와 꾸준함의 힘을 누구보다 잘 알겠어요.

원래 무언가를 진득하게 하는 스타일이 아니에요. 첫 직장에 취직했을 때 금방 그만두는 거 아니냐고 엄마가 걱정했을 정도였어요. 혼자였다면 못 했을지도 몰라요. 『어라운드』에는 지켜야 하는 가족이 있으니 제가 그만두고 싶다고 해서 그만둘 수 있는 게 아니잖아요. 저의 끈기보다는 회사라는 구조 덕분에 여기까지 온 셈이죠. 『어라운드』가 기존의 틀에서 벗어난 매체였던 만큼 업계에서 인정받기 위해서는 검증 기간이 필요했습니다. 버티는 게 정말 중요한데, 비결은 바로 돈이에요. 금전적 요소는 그야말로 현실이에요. 『어라운드』는 다행히 애독자들이 점차 생기고 반응이 좋아서 힘을 낼 수 있었죠. 오로지 개인의 능력만 갖고 되는 것도 아니고, 모든 게 맞아떨어져야 가능한 일이에요. 그래서 감사합니다. 당연한 게 아니라는 걸 아니까.

맞다. 세상에는 쉬운 일도, 당연한 일도 없다. 열심히만 해서도 안 되고, 요령만 부려서도 안 되고, 잘만 해서도 안 되고, 운만 좋아서도 안 된다. 열심히 하고, 요령도 부리고, 잘하기도 하고 운도 좋아야 한다. 그리고 계속해야 한다. 온 우주가 도와야 가능한 일 투성이라니. 15,000원을 내고 『어라운드』의 피와 땀을 볼 수 있다는 사실만으로도 행복은 멀리 있지 않다.

8년 차로서 잡지의 다음 단계, 또는 잡지의 가능성이라고 생각하는 것이 있나요?

몇 년 전부터 고민해온 문제예요. 제일 어려워요. 제가 잘할 수 있는 게 책 만드는 일이라 책을 만든 거지 책 자체가 목적은 아니거든요. 그보다 어떤 문화나 무브먼트를 만들고자 하는 마음이 더 커요. 에디터 중에는 옥상에서 영화 상영회를 하는 친구도 있었고, 저는 캠핑을 좋아해서 캠

304

Around

핑 페스티벌을 열기도 했었죠. 결국 우리가 감당할 수 있는 규모의 일이 아니라는 사실을 인정해야 했지만요.

콘텐츠만 만드는 게 아니라 실제 환경을 조성하는 게 의미 있는 것 같아요. 그러지 않아도 캠핑 페스티벌이 궁금했어요. 충북 보은에 어라운드 빌리지라는 공간이 있지 않나요?
페스티벌은 기획 의도보다 규모가 점점 커지고 운영이 어려워져서 그만 두었어요. 대신 우리의 공간이 있으면 좋겠다는 생각으로 폐교를 찾아 개조한 게 '빌리지'입니다. 학교 운동장이 소규모로 캠핑하기 좋거든요. 빌리지는 대표인 남편이 게스트하우스로 매주 금, 토, 일요일에만 운영해요.

그간 축적한 『어라운드』의 자원이 엄청난데 앞으로 할 수 있는 일이 무궁무진하겠어요.
협업의 시대인데 지금까지는 너무 우리 힘으로만 하려고 한 것 같아요. 해 보고 싶은 게 많습니다. 한 가지 생각하고 있는 건 독자들과의 공개 기획 회의에요. 함께 만들어간다는 메시지도 전달하고, 실제로 함께 해 보고 싶고요. 인스타그램 라이브 방송을 통해 의견을 받고 잡지에 적용하면 함께한다는 느낌이 훨씬 강해지겠죠. 반면 요즘 들어 유튜브나 팟캐스트 채널을 운영해야 한다는 사람들이 많은데 어쩐지 그런 방향은 우리의 길이 아니라는 느낌이 들어요. 『어라운드』와 어울리는 방법으로 소통하고 싶어요.

단행본도 종종 출간하던데, 어라운드 출신의 크리에이터가 많이 보여요.
자랑이지만, 『어라운드』와 함께 한 사람들 중에 잘된 사람이 많습니다.

『20킬로그램의 삶』을 쓴 박선아 씨는 젠틀몬스터에서 일을 하고 있어요. 한수희 씨는 영화 칼럼의 반응이 좋아서 책을 내기 시작했는데 벌써 4권이나 출간을 했더라고요. 최근 『무리하지 않는 선에서』에서 정점을 찍은 것 같아 보였어요. 그리고 어라운드에서 단행본을 또 한 권 낼 예정이고요. 유명해진 일러스트레이터 곽명주 씨도 대학생 때 그림을 그려 줬어요. 이곳은 자신을 테스트해 볼 수 있는 그라운드가 된 것 같아요.

잡지의 장점이네요. 다양한 시도를 해 볼 수 있는 땅.

무엇보다 제가 좋아해요. 안정적인 것보다 일단 해보는 것을요. 『어라운드』를 통해 자신의 길을 찾아 나가는 사람들을 보면 뿌듯해요. 에디터로 일하러 왔다가 목수가 된 친구도 있어요. 우리 회사가 꿈을 찾아주는 곳이냐고 농담하긴 했는데, 여기서 만드는 콘텐츠 자체가 나다움을 찾아가는 것에 대한 것들인걸요. 꾸준히 깊이 있게 생각하니 결국 발견하나 봐요. 그래서 단순히 문장력이 좋은 사람보다는 진정성 있는 이야기를 할 수 있는 사람을 찾아요. 독자들도 수려한 글보다 마음이 담긴 글을 더 좋아하고요. 이곳은 가이드가 빡빡한 회사가 아니에요. 독립된 창작자들이 모여 있는 분위기입니다. 그런 구조를 힘들어하는 친구들도 있지만, 어쨌든 이 안에서 모두 발전할 수 있었으면 좋겠어요.

김이경이 언급했던 잡지의 이름은 『1391』이 아니라 『3191』이었다. 그 사실을 발견하고 괜히 따뜻한 기분이 들어 피식 웃었다. 김이경과 함께 일하면 용감하고, 편하고, 자신감이 높아질 것 같다. 『어라운드』에서 일하고 싶어 하는 에디터들이 줄을 섰다. 김이경은 그래도 회사는 회사라고 강조한다. 큰 기대와 환상을 갖고 있는 팬을 채용하는 건 지양한다고 말했지만 그런 환상이 죄다 거짓은 아닐 테다. 솔솔 풍기는 꽃 내음에 어쩔 수 없이 벌과 나비 떼가 몰려드는 것이니.

나는 잡지를 자주 사는 편이 아니다. 잡지가 가진 매력에 끌려 보이는 대로 사들이던 때가 있었지만 내용이 눈에 제대로 들어오지 않았다. 콘텐츠를 읽으라는 것인지, 눈요기하라는 것인지 모호한 잡지도 있었다. 탁자와 책장에 인테리어용으로 몇 권 비치해 두었다가 그것마저 그만두었다.

김이경이 최근 호의 반응이 좋다며 커피와 술을 다룬 『어라운드』 67호를 손에 쥐여 주었다. 커피로 시작해서 맥주나 와인으로 매듭짓는 일상. 충분히 읽고 또 읽을 수 있겠다는 기대가 생겼다. 그리고 요즘 최대의 관심사인 '아이를 어떻게 키우는지, 함께 무엇을 하며 노는지, 함께 어디를 갈 수 있는지, 내 아이는 어떤 아이인지…' 등 육아에 빠진 나를 위해 『위』 매거진도 한 권 주문했다. 그것도 아이가 너무나 좋아하는 그림책에 대하여. 『위』야 말로 나에게 그저 단순한 잡지가 아니라 삶의 조각 그 자체일 테니까. 이렇게 『어라운드』가 내 생활에 개입하기 시작했다.

BRAND INFO

HOMEPAGE: a-round.kr
INSTAGRAM: @aroundmagazine

자기만의 휴식에
귀를 기울여 보세요

식스티세컨즈
60 Seconds

디렉터 김한정

About

대기업 브랜드 사이에서 마니아층을 차곡차곡 쌓아
가고 있는 개인 매트리스 브랜드. 기존의 매트리스
산업 공식을 무너뜨리며 합리적이고 정직한 제품을
만들고 있다. 소비자가 자신의 몸에 가장 잘 맞는 제
품을 찾을 수 있도록 매트리스 체험 서비스를 제공
하고 있으며, 휴식과 관련된 다양한 활동을 계획하
고 있다.

식스티세컨즈60 Seconds 디렉터 김한정의 인터뷰는 한차례 미뤄졌다. 두 번째 쇼룸이 오픈할 때까지 기다리기로 했기 때문이다. 인터뷰는 늘 그렇다. 새로운 것을 기획하고, 준비하고, 오픈하고, 다시 반복하고. 그 리듬 사이에 대화를 나눌 완벽한 타이밍이란 없다. 인터뷰이의 흘러가는 시간 안에 가까스로 점 하나 찍는다.

일정은 미뤄졌지만 차 한잔하자는 제안에 식스티세컨즈 홈60 Seconds Home이라 불리는 대치동의 쇼룸에 방문했다. 주택가 사이에 우뚝 선 컨테이너의 겉모습과 달리 내부는 부드럽고 따뜻한 분위기였다. 하얗고 러프한 벽, 라탄 바구니와 한지 조명, 커다란 화분과 창밖으로 보이는 나무들이 흡사 소박한 휴양지에 온 듯했다. 공간을 나누기 위해 문을 설치하는 대신 구멍을 뚫었고, 그 안에 침대가 하나씩 놓여 있었다. 예약하고 방문하면 마음껏, 다른 손님이나 직원의 눈치를 보지 않고 내 집처럼 편하게 침대 위에서 뒹굴어 보고 매트리스를 고를 수 있게 한 것이다.

두어 달이 지나고 이번에는 인터뷰를 위해 동빙고동 쇼룸을 찾았다. 식스티세컨즈 라운지60 Seconds Lounge라는 이름으로 오픈한 곳이다. 같은 브랜드인가 싶을 정도로 대치동 쇼룸과 분위기가 달랐다. 벽부터 계단까지 덮은 밤색 카펫, 반짝이는 아크릴 테이블과 조명, 덩어리감이 물씬 느껴지는 철제 가구들이 묵직한 공기를 만들어 냈다. 플레이리스트에 저장해 놓고 새벽 내내 듣고 싶은 음악이 공간에 퍼지며 부드럽게 청각을 깨웠다. 그리고 직원이 얼음 잔에 내준 레몬빛 차를 한 모금 마셨다. 시원한 느낌의 첫맛, 민트 향 넘치는 달콤한 끝맛에 미각이 폴짝 뛰었다. 오감이 잔잔하게 즐거워지고 있었다.

식스티세컨즈, '60초 안에 잠들고 60초 더 머무르고 싶은 잠자리'라는 뜻이다. 육아와 일의 병행으로 한시도 쉬지 못하는 뇌에 혹사당한 내 몸은 아무리 피곤해도 쉽게 잠들지 못했고, 잠든다 하더라도 숙면하지 못했다. 어느새 아이 옆에서 까무룩 기절해 버리는, 기억에도 없는 시간 덕에 가까스로 일상이 유지되고 있었다. 내 몸에 문제가 있다고 생각했다. 마그네슘이 부족한가, 커피를 끊어야 하나, 운동을 해야 하나. 그런데 매트리스가 나와 맞지 않았던 것일 수도 있다고 생각하니 생소한 위기감이 들었다. 나는 생각보다 다양한 조언과 손길이 필요한 상태인지도 모르겠다. 한의사를 찾아온 기분으로 물었다.

60 Seconds **313**

정말 매트리스가 문제일까요? 어떤 요소들이 수면의 질을 높인다고 생각하나요?

김한정 사업 초기에는 매트리스 퀄리티에 중점을 두었어요. 쾌적함이나 안락함 같은 요소들이 기술적인 기준에 맞춰져 있었죠. 그런데 손님들을 만나는 과정에서 매트리스만으로 수면의 질을 높이기엔 부족하다는 결론에 다다랐어요. 개인마다 쾌적하다고 느끼는 기준이 다르거든요. 통상적으로 얘기하는 온도나 습도는 일종의 연구 결과이고, 그것만으로 일반화하기 어려워요. 다시 말하자면 정답은 없어요. 그렇기 때문에 손님마다 적합한 환경을 찾아 주는 게 우리의 역할이라고 생각해요. 모든 사람에게 식스티세컨즈의 매트리스가 최고의 선택일 수는 없겠죠. 그보다는 유해 물질이 나오지 않으며 불편한 부분에 대해 도움을 받을 수 있을 거라는 믿음을 주는 브랜드가 되자고 다짐했어요.

한때 매트리스 라돈 검출 사건으로 이슈가 있었죠.

라돈 사건 때 흥미로운 현상이 나타났어요. 모든 브랜드의 매출이 감소했는데 에이스 침대만 급증한 거예요. 무엇을 따라야 할지 모를 때 사람들은 인지도를 중요한 선택 기준으로 삼는다는 것을 깨달았어요.

그런 면에서 개인이 매트리스 브랜드를 운영한다는 것이 신기했어요. 진입 장벽이 높은 산업인데 어떻게 시작하게 되었나요?

저는 가구 회사에서 오래 일했는데, 개발 팀에서 키즈 파트를 담당했어요. 현재 파트너인 조 대표님은 온라인 비즈니스 팀 소속이었어요. 온라인 비즈니스 팀에서는 상품을 직접 개발하는 게 아니라 업체에서 들어온 제안을 검품하고 결정하는 역할을 해요. 업무 특성상 여러 공장에 다녔는데, 그중 파주에 있는 한 매트리스 공장에서 특별한 느낌을 받았대요.

설비도 잘 갖춰져 있고 무엇보다 정리나 청결, 규칙에 엄격한 사장님과 장기근속하는 직원들을 보고 괜찮은 회사라는 확신이 들었나 봐요. 사업을 하고 싶다고 도움을 청했더니 마침 사장님도 자신의 브랜드를 만들고 싶던 참이라며 흔쾌히 손을 잡아 주셨어요. 그때부터 모든 제품을 그 공장에서 생산하고 있어요. 제가 아이 둘의 엄마인지라 유해 물질 같은 안전성 기준에 더욱 민감한데 솔선수범해서 지키는 곳이에요. 국내에서 만드는 매트리스라니 조금 의아해하시는 분들도 있을 것 같아요. 시장에서 만날 수 있는 고급 매트리스는 국내 생산인 경우가 많아요. 매트리스는 부피가 크고 수입하기에 적합하지 않은 아이템이라 브랜드 라이선스를 가져와서 국내 공장에서 만드는 경우도 있고요. 즉, 국내 기술력도 수준급이라는 얘기죠.

식스티세컨즈 매트리스 가격대가 궁금합니다. 대기업과 경쟁하려면 가격의 메리트도 한몫할 것 같아요.
보통 매트리스에 비해서는 가격대가 낮아요. 마진이 낮기 때문이에요. 저희는 합리적이라고 판단되는 가격대를 구축했고, 그 때문에 유통망을 많이 넓히지 못하는 한계점도 있어요. 반면 식스티세컨즈를 온라인 브랜드라고 생각했을 경우엔 가격대가 높은 편이에요. 제품 퀄리티에 있어 타협점이 낮지 않기 때문이죠. 다행이라고 해야 할지, 유통망을 넓히는 게 우리 브랜드 방향과는 맞지 않는 길이었어요. 많이 보여 주기보다는 정확하게 보여 주는 것에 중점을 둔 브랜드이기 때문이에요. 그렇다고 합리적인 가격대를 위해 단순히 마진만 포기하는 것은 아니에요. 타사 매트리스들이 스프링의 높낮이와 강도를 5, 7, 9존zone 등으로 나누어서 구역별로 매트리스가 몸의 곡선을 받쳐 준다고 홍보했는데 그런 제품은 정자세로 누워서 자야 제대로 효과를 볼 수 있어요. 엎드려 자거

60 Seconds

나 옆으로 누워서 자면 오히려 역효과가 날 수도 있어요. 저희는 복잡한 기능보다 기본에 충실해 전반적으로 몸을 섬세하게 받쳐 주고자 고민했고, 그렇게 제일 처음 개발한 제품이 기본형 매트리스였어요. 가공 비용이 추가되는 화려한 무늬 같은 디테일도 뺐어요. 중요한 점은 땀의 흡수나 배출, 통기성 등의 기능으로 신체의 쾌적함을 유지시켜 주는 것입니다. 그 기준으로 코코넛이나 폼 소재를 사용해 라인업을 했어요. 그러다 보니 제품마다 가격 차이도 크지 않아요. 보통은 브랜드의 주력 상품과 보조 상품으로 대조군을 만들고, 기술력을 보여 주기 위해 고가의 구색 상품을 만들어요. 그러면 중간 가격대의 제품이 가장 잘 팔리죠. 실제로 원가 차이가 크지 않아도 전략적으로 가격대를 구성하는 거예요. 하지

만 원가에 맞추면 금액 차이가 크지 않기 때문에 가격을 떠나 자신에게
맞는 매트리스를 고를 수 있어요. 정직한 브랜드를 만들어야겠다는 거
창한 생각보다는 의심 없이 따랐던 공식들을 내려놓은 결과입니다.

아는 만큼 보인다고 한다. 7년 전, 매트리스를 사기 위해 백화점에 들렀다. 엉덩이 부분이
부드럽다, 허리를 잘 받쳐 준다 등의 얘기들을 들었고 조금은 단단한 그 침대에서 한동안
만족스럽게 잠을 잤다. 하지만 언젠가부터 엎드려서 나의 무게로 침대를 누르지 않으면
쉽게 잠이 들 수 없었다. 나름대로 거금을 치르고 산, 중간 가격대의 매트리스를 이젠 거
꾸로 쓰고 있는지도 모르겠다.
제조업 회사 디렉터로서 이야기하기 쉽지 않았을 텐데, 김한정은 잘 팔기보다 잘 쓰도록
돕는 일이 더 중요하다고 했다. 진작 알았더라면 얼마나 좋았을까. 하지만 내가 매트리스
를 사던 해에는 식스티세컨즈가 아직 세상에 없었다. 그러니까 눈치를 살피는 소비자는
여러 매트리스에 2분 정도씩 누워 보고 황급히 결정을 내렸던 것이다.

기존의 매트리스 공식과 많이 달라서 낯설었을 텐데, 소비자에게 어떻게
다가갔나요?
2014년이죠, 온라인에서 먼저 브랜드를 1년 정도 운영하며 가구 매장
두 군데에 입점해 세팅한 게 전부였어요. 2015년에는 백화점 팝업 스토
어 제안이 많이 들어와서 본격적으로 제품을 알릴 수 있었어요. 결과적
으로는 우리 브랜드와 맞지 않는 판매 형태라는 걸 배웠습니다. 마진이
너무 높기도 했지만 백화점에 찾아오는 고객과 우리 고객은 브랜드에
기대하는 부분이 다르다고 생각했어요. 그리고 2016년에 대치동 쇼룸
을 오픈했죠. 고객들이 기존과는 다른 매트리스 구매 경험을 하길 바랐
어요. 당시만 해도 매장에 가면 눈부시게 밝은 조명 아래에 제품을 진열
하고 직원이 친절하고 장황하게 응대하는 분위기였거든요. 그런 환경에

서 어떻게 편안하고 온전히 매트리스를 느껴볼 수 있겠어요. 심사숙고하고 판단할 겨를도 없이 구매를 결정하는 경우가 허다했죠. 매트리스 쇼핑이 어렵게만 느껴지겠다 싶었어요. 저희는 그런 불편함을 최소화하고자 공간 구조나 방 크기부터 조도 같은 세부적인 요소들을 일반 가정집과 유사하게 연출했어요. 제품 정보를 담은 POP 광고를 생략하고, 가격표나 모델명도 쉽게 눈치챌 수 없도록 나무 블록에 숨겼고요. 초기에 대치동은 사무실과 쇼룸이 혼재되어 있었는데 처음엔 손님이 얼마나 올지, 방문이 겹치지는 않을지 가늠이 되지 않았어요. 고객 응대와 별개로 사무 업무는 바쁘게 돌아가고요. 상황을 예측하고 더 제대로 준비하기 위해 예약제를 시행하게 됐어요. 번거롭거나 부담스럽게 느껴질 수도 있지만 실제 손님들의 만족도는 매우 높아요.

동빙고동의 쇼룸은 대치동의 쇼룸보다 규모가 크다는 것 외에 어떤 차이가 있나요?

브랜드의 기본적인 경험, 즉 접객할 때 차를 내어 드리고 설문지를 작성하며 매트리스 체험 후 상담과 구매 등의 과정은 같지만, 동빙고동에서는 고객 스스로 경험한다는 게 큰 차이점이에요. 대치동에서도 손님의 프라이버시를 최대한 보장하지만 동빙고동은 아예 2층으로 분리되어 있어 그 장점이 극대화돼요. 제품 정보가 눈에 띄는 곳에 없기 때문에 몸의 감각을 동원해서 자신과 잘 맞는 매트리스를 찾는 게 미션이에요. 그다음에 구체적인 정보와 함께 상담하면 더 정확한 선택을 할 수 있죠. 일종의 블라인드 테스트라고 할 수 있겠네요. 또 한 가지 큰 차이는 예약하지 않고 들를 수 있다는 거예요. 2층은 매트리스 체험, 1층은 숍과 라운지로 구성되어 있어요. 부담 없이 차 한잔하면서 음악을 들으며 쉬어 가라는 의미예요. 예약 손님들이 중간에 텀이 생길 때도 있고, 아직 매트리스를

살 시기는 아니지만 체험하고 상담을 받고 싶은 손님들이 분명히 있을
것 같아서 진입 장벽을 낮추고자 이런 공간을 열게 됐어요.

대치동과 동빙고동은 분위기가 많이 달라요. 이 지역을 선택한 이유가 있
나요?
구체적인 위치는 이미 인스타그램 같은 SNS가 활발해 그리 중요하다고
생각하지 않았어요. 요즘엔 마음만 먹으면 어디든 찾아갈 수 있으니까
요. 처음에는 생활권과 거래처 위치 때문에 분당에서 시작했지만 심적
거리가 너무 멀어서 강남 쪽을 찾아 봤어요. 조건이 워낙 다양해 못해도
100곳은 본 것 같아요. 일부러 시간 내어 찾아오는 손님들이 많을 테니
주차하기 좋거나 최소한 가까운 곳에 공영 주차장이라도 있어야 했고,

322

가정집 같지만 동시에 쇼룸처럼 보이길 원했고, 이왕이면 주변에 가구 매장이 있었으면, 적당한 가격대와 크기, 그리고 마당까지 있으면 했거든요. 모든 조건을 충족시키는 게 대치동이었는데 단 한 가지의 문제가 있었죠. 월세가 예산의 딱 두 배였어요. 엄청난 리스크를 안고 시작한 셈이에요. 그런데 지내보니 대치동도 강북이나 경기도 북부 쪽에 사는 분들에겐 심적 거리가 멀더라고요. 그래서 조금 더 북쪽으로 올라왔어요. 단일 공간인 대치동 홈보다는 방이 분리되어 있는 빌라 버전의 쇼룸을 구상했어요. 레바논 대사관이었던 이 건물을 발견했는데 여러 가지 조건에 잘 맞더라고요. 이 지역에 매물이 흔치 않다는데 연이 잘 닿았죠.

1층 공간이 꽤 넓은데 카페로 운영되지 않는 점이 눈에 띄었습니다. 충분히 그렇게 사용될 만해 보였거든요. 이런 공간적 여유를 오랜만에 느껴 보는 것 같아요.
카페를 운영할 여력도 없거니와 주객이 전도될 게 뻔했어요. 여기는 휴식을 제안하는 곳, 여백이 중요한 곳인데 다른 것들로 가득 채워 버리면 안 되잖아요.

쏟아지는 햇빛과 고막을 잔잔히 두드리는 음악 소리가 넉넉한 분위기의 공기를 채웠다. 마침 잔의 얼음이 녹아서 달그락, 하고 소음을 내었다. 약간 묽어진 차로 목을 축였다.

그럼 좋은 매트리스는 어떻게 고르나요?
먼저 기술적으로 접근하면, 매트리스는 두 가지 구성으로 이루어져 있어요. 스프링이나 폼으로 이루어진 '서포트층'과 그 위에 올라가는 '쿠션층'입니다. 역할에 따라 구분했어요. 타 브랜드에서는 다르게 접근할 수 있어요. 서포트층은 몸을 반듯하게 눕게 하는 역할을 하는데, 스프링이 너무 소프트하거나 하드하면 몸이 흐트러지게 되고 나도 모르게 힘이 들어가 근육을 쓰게 되죠. 밤새 근육이 긴장하니 아침에 일어나면 허리가 아프거나 어깨가 뻐근한 거예요. 그래서 첫 번째로 중요한 게 몸을 잘 펴주는 것이에요. 어떤 자세로 눕더라도 말이죠. 그렇지만 아무리 스프링이 정교해도 인체가 훨씬 예민하기 때문에 그 사이를 채워주는 쿠션층이 필요해요. 스프링을 다양하게 쓰는 회사들이 많은데 저희는 그 역할 자체가 크게 다르지 않다고 봐요. 우리가 더 예민하게 느끼는 건 쿠션층이거든요. 밀도나 경도, 레이어드 방식의 차이를 몸이 어떻게 느끼는지가 중요합니다. 이게 바로 기술력의 차이예요. 소프트한 게 좋다, 하드한 게 좋다, 어떤 것이 비싸다 등 항간에 도는 여러 공식이 맞을 수도, 틀릴 수도 있어요. 내장재가 많이 들어가면 매트리스가 소프트해져요. 그래서 다양한 소재가 들어간 수천만 원짜리 침대에 누우면 대부분 몸이 부드럽게 감겨요. 반대로 내장재들이 빠지면 단단하다고 느끼죠. 그런데 그 느낌을 코코넛같이 단단한 소재를 사용하거나 폼의 경도와 밀도를 높여 표현하기도 하거든요. 그래서 단순한 논리로 무엇이 무조건 좋다고 할 수 없어요. 제품마다 차이가 있지만 보통 서포트 용으로 사용되는 고밀도 폼은 스프링보다 더 비싸요. 그리고 밀도가 높을수록 생산성이 떨어지니 매트리스가 비싸지죠. 가격은 산업적으로 책정되기 때문에 비싸다고 꼭 좋은 것은 아니에요. 이렇듯 소비자가 샅샅이 파악하고 전부 이해하기에는 무리가 있기 때문에 매트리스를 어떻게 쉽게 전달할지 항상 고민하고 있어요. 식스티세컨즈 홈페이지에는 소비자 기준의 중요도 순으로 제품 설명이 되어 있는데, 내용을 먼저 숙지한 다음, 방문해서 체험하면 결정이 좀 더 수월합니다. 결국 좋은 매트리스를 고르는 방법은 스펙을 떠나 제품을 직접 충분히 느껴보고 자신의 몸과 사용 환경에 잘 맞는 것을 찾는 게 아닐까 싶어요.

좋은 매트리스를 사는 것도 중요하지만 그만큼 관리도 중요해 보여요.

가장 중요한 것은 온도와 습도입니다. 그중에서도 습도가 정말 중요한데, 45~55도 사이면 적당해요. 매트리스를 구성하는 소재가 습기를 흡수하는 특징이 있고, 항균 처리가 되었다 해도 인체에서 지속적으로 각질이 떨어지기 때문에 곰팡이가 한번 생기면 관리가 굉장히 어려워져요. 그러니 습도가 너무 높으면 제습기나 보일러를 한 번씩 틀고, 방바닥에 바로 놓아서 쓰는 것보다는 통풍이 되게끔 하단 매트리스나 갈빗살 구조 프레임에서 쓰도록 권해요. 또 매트리스를 벽면에 완전히 붙이기보다는 틈을 두고 배치해 주세요. 외벽에 바로 붙어 있으면 결로가 생길 가능성이 높거든요. 소재별 관리도 다른데, 라텍스는 열에 약하기 때문에 전기장판을 사용하면 경화 현상(굳어서 산화되는 현상)이 와요. 고무 함유량이 낮을수록 잘 부스러지고, 열을 머금고 있는 성질이 있기 때문에 아주 드물지만 화재로 연결될 수도 있어요. 전기장판을 주로 쓴다면 라텍스보다 메모리 폼을 추천해요. 추위를 많이 탄다면 구스 토퍼도 좋아요. 그것만으로도 충분히 따뜻해져요.

가정에서는 어떤 제품을 쓰세요? 다양하게 테스트해 볼 수 있겠어요.

딸들은 소프트와 미디엄 코코넛 폼 매트리스, 저와 남편은 독립 스프링 매트리스를 테스트 중인데, 저에게는 좀 단단해요. 원래 아무 데서나 잘 자는 편이었는데 수면을 직업적으로 접근하다 보니 예민해졌어요. 하지만 덕분에 제 몸에 무엇이 좋고 나쁜지 정확하게 알게 됐어요. 그리고 혼자 잘 때는 괜찮던 것도 아이와 함께 자면 몸이 아파요. 자면서도 계속 아이를 신경 쓰기 때문이죠. 신기한 건 제가 코코넛 폼 매트리스와 딱 맞는데, 그 매트리스에서는 아이와 자도 다음 날 가뿐하더라고요. 직접 경험했기 때문에 더 자신 있게 얘기할 수 있어요. 가정에서의 사용 기간이 어느 정도 지나면 회사로 가져와 분해해 봐요. 적어도 우리 가족의 수면 습관에 따른 매트리스의 변화를 확실하게 알 수 있으니까요.

워킹 맘이면 브랜드 운영에도 영향이 있을 듯합니다.
아이를 키우는 것과 브랜드를 키우는 게 흡사하더라고요. 아이에게 뭔가 가르치려고 할 때 강압적으로 다가가면 처음에는 말을 잘 들어요. 하지만 내성이 생겨 목소리가 점점 커져야 하죠. 반대로 차분히 설명하고 이해시켜 주고자 하면 시간이 좀 걸려도 아이가 차츰 소통하는 방법을 배우고 성장해요. 브랜드도 마찬가지인 것 같아요. 홍보에 대한 고민이 커요. 어느 브랜드에서는 타사 제품을 톱으로 갈라서 비교하는 등 어마어마하더라고요. 자극적인 장면이어서 인상 깊게 남아 있어요. 브랜드 초기에 집중받기 위해서는 여러 방법을 동원해야겠지만 자신만의 색깔을 만들어 가는 건 다른 문제라고 생각해요. 우리는 시간과 에너지가 들더라도 슴슴한 맛을 내고 그 맛에 공감해 주는 사람들이 많아졌으면 하는 바람으로 운영하고 있어요. 자극제를 쓰고 싶은 마음이 없을뿐더러 그전에 손님들이 싫어해요. 브랜드와 결이 맞지 않다는 것이죠.

식스티세컨즈를 어떻게 알게 되었는지 곱씹어 보았다. 성수동 오르에르에서 전시를 한다는 소식을 SNS로 접했는데, 전시장 곳곳에서 사람들이 뒹굴뒹굴하는 사진이 올라왔다. 그때까지만 해도 매트리스 전시일 거라고 상상도 못 했다. 그런데 내가 애정을 갖고 지켜보는 사람들이 하나둘 식스티세컨즈 전시에 다녀와 후기를 올렸다. 나와 비슷한 관심사를 가진 사람들의 이야기를 듣고 살펴보니 그동안 알던 매트리스의 공식과는 조금 다르다는 것을 알았다. '침대는 과학이다' 정도의 지식이 전부였던 내게, 적확한 단어로 표현하기엔 아직 어려운 묘한 느낌이었다. 파고들수록 나와 취향이 통할 것 같은, 왠지 충성 고객이 되고야 말 것 같은 인상이었다.

60 Seconds

매트리스라는 아이템은 생활과 밀접하기 때문에 선택하기 더욱 까다로워요. 열심히 알아보다가도 지쳐서 결국 대기업 제품을 고르는 사람들도 많아요. 우리 고객들은 지치지 않죠. 집요한 분들이고, 애착을 가지는 만큼 지지해 줍니다. 손님 덕분에 성장했고, 살아남은 것 같아요.

홈페이지를 보니 매트리스를 구매한 소비자 인터뷰가 있더라고요. 소비자를 가까이에서 만나면 제품 개선에도 도움이 될 것 같아요.
매트리스 특성상 판매는 끝이 아니라 시작이에요. 사용자의 만족도가 높아야 입소문이 나고 새로운 고객이 유입되기 때문에 기존 고객이 가장 중요해요. 그리고 매트리스의 사양이 조금씩 바뀌고 있어요. 초기에는 욕심내서 매트리스 쿠션층을 뉴질랜드산 양모로만 채웠어요. 따뜻하고 장점도 많지만 단점이 있는데 한번 납작해지면 폴리 솜만큼 복원이 안된다는 거예요. 결국 소비자 피드백을 받고 소재를 보완했죠. 적극적으로 변화시킬 수 있는 건 패브릭 제품이에요. 무드를 바꾸고 싶어도 베딩 가격이 만만치 않잖아요. 그래서 2 in 1형식의 양면 패드나 차렵이불 겸용 패드를 만들기도 했어요. 그 밖에 겉으로 티가 나지 않는 사소한 수정도 많습니다. 예를 들면, 깃털 빠짐을 방지하기 위해 이불 속통 박음질 땀수를 1mm씩 좁혀 본다든지 하는.

굉장히 민감한 비즈니스예요. 어떤 부분을 우선순위로 두는지 궁금합니다.
기준은 '편안하게 잘 수 있는지'입니다. 그 기준으로 약관과 서비스를 정해요. 제품에 문제가 없고, 사용자도 잘못 쓰고 있는 게 없는데 서로의 코드가 맞지 않을 때가 제일 안타까워요. 아무리 신중하게 체험해 보고 구매하더라도 적응 기간이 필요하고, 몸에 변화가 생기기도 하니까요. 제품을 사용한 지 1년이 넘어도 불편하다는 연락이 오면 어떻게든 해결

60 Seconds

하려고 해요. 베개만 바꿔도 보완되는 경우가 있거든요. 예약제 체험 방식을 고수하는 것도 같은 맥락이에요. 브랜드 세일을 잘 하지 않는 편인데, 고객의 가치 판단이 가격 중심으로 바뀌어서 자신의 몸에 잘 맞는 제품을 고를 수 없게 되기 때문이에요. 성급히 결정하면 추후 관리가 어렵죠. 제대로 된 선택을 할 수 있게 돕는 게 우리 역할이에요.

기분 좋은 수면 생활에는 매트리스 하나만 중요한 것이 아니다. 엄마가 솜 베개는 목이 아프다며 굴곡진 폼 베개를 보내 주었는데, 그동안 의심 없이 베고 잔 이 베개부터 다시 고민해 봐야겠다는 생각이 들었다. 아니, 그전에 취침 직전까지 휴대폰 들여다보는 걸 그만두고 따뜻한 차를 마시자. 그리고 침대맡에 앉아 묵혀 두었던 책을 한 권씩 읽다가 잠들면 좋겠다. 하지만 우리 집에는 21개월짜리 복병이 하나 있지. 그렇기 때문에 더욱 꼼꼼히 들여다봐야 한다. 나의 휴식을 온전하게 지킬 수 있는 방법을.

'토퍼'라는 개념이 지금은 널리 퍼졌는데, 식스티세컨즈가 토퍼를 국내에 들여왔다고 봐도 된다고요.

저희가 토퍼를 개발할 당시, 국내 시장에는 그리스 브랜드 코코맡Coco-Mat이 유일했어요. 사실상 수요가 없었죠. 집에 손님이 오면 내준다고 하는데 솔직히 그렇게까지 활용도가 높지 않을 것 같았어요. 한편으로는, 키즈 개발 팀에서 일한 경험이 있어서 육아하며 아이의 매트리스를 따로 만들기보다 토퍼를 활용해 보면 좋겠다는 생각을 오랫동안 갖고 있었어요. 매트리스에 얹어 쓰다가 바닥으로 내리기만 하면 아이와 함께 잠을 잘 수 있는 침대가 되는 거죠. 기술은 이미 상향 평준화되어 있으니 라이프 스타일로 접근하고자 했어요. 우리 고객이라면 기술은 기본이고, 활용도나 실용성도 더 꼼꼼하게 따져 볼 거라 생각했거든요. 물론 처음부터 알고 시작한 것은 아니에요. 여러 손님을 만나면서 니즈를 파악했어요. 특히 신혼 때 혼수로 장만한, 그러니까 브랜드의 파격 프로모션이었거나 누군가의 추천으로 구매한 매트리스가 실제로 잘 맞지 않았더라는 케이스가 많았어요. 매트리스가 한두 푼 하는 가격도 아니고 1~2년 만에 쉽게 교체할 수 있는 물건이 아니기 때문에 이때 대안으로 토퍼를 얹어 보았어요. 이런 활용 방법을 손님들을 통해 알게 되었고, 역으로 손님들에게 다시 알려 주고 있죠. 확실히 느끼는 건 사람들이 점점 자신의 수면을 위해 적극적으로 노력한다는 것이에요. 부부가 서로 사랑하지만 각자의 침대에서 자는 게 꼭 나쁜 것만은 아니게 된 거죠.

60 Seconds

생활해 보니 왜 침대를 따로 쓰는지 깨달았어요. 요즘에는 혼수로 싱글 침대를 두 개 마련하기도 한다는데 의외의 구매 형태가 있을 것 같아요.
구매층이 다양해요. 신혼부부가 많고, 의외로 30~40대 싱글 손님의 비율이 높아요. 보통 매트리스 구매는 혼수로 미루는데 그보다 현재 숙면을 취하는 것이 더 중요해진 거죠. 자신에게 투자하는 일이 자연스러워졌어요. 물론 비혼도 많아졌고요. 프라이빗한 환경이어서 그런지 동성 커플이나 연예인도 방문해요.

김한정의 어깨너머로 숍을 엿보았다. 입구 옆으로 차가운 철제 판에 'Note & Rest'라는 이름이 새겨져 있다. 이불과 패드 제품들이 행거에 걸려 있고, 한쪽 벽에는 하얀 티셔츠와 책, 유리 제품 같은 것들이 진열되어 있었다. 숙면을 돕기 위한 물건들로 짐작한다. 지금 주전자에서 따라 마시고 있는 레몬빛 차의 노란 패키지도 보였다.

진열된 물건 중 텀블러도 있어요. 환경 문제에 스트레스가 많거든요. 플라스틱에 대한 다큐멘터리를 봤는데 세상에, PE(폴리에틸렌)인지 PP(폴리프로필렌)인지 구분할 수 없어서 사실상 재활용이 안 된다는 거예요. 그 충격에서 벗어나려고 텀블러를 구입했어요. 저에게는 마음의 안정을 가져다주는 물건인 셈이죠.

노트앤레스트Note & Rest는 라운지 오픈과 함께 새로 생긴 이름이네요. 식스티세컨즈에서 무엇을 담당하고 있나요?

시작은 미약했으나 브랜드 철학의 기준이 되었어요. 잠을 넘어서 휴식에 대해 이야기하고 싶었거든요. 현재 작은 숍의 형태로 운영하고 있어요. 사람이 숙면을 취하기 위한 요소는 제각각이에요. 특이한 경우, 자기 전에 꼭 젤리를 먹어야 한다는 손님도 있고, 손으로 무언가를 조물조물 만져야 한다든지, 머리를 식히기 위해 읽을 줄도 모르는 악보를 들여다본다는 손님도 있어요. 그래서 마음을 만져 주는 책도 좋지만 읽기만 해도 졸음이 쏟아지는 책을 가져다 놓기도 하고, 몸을 노곤하게 만들어 줄 팥 주머니도 만들었어요. 매트리스와 이불에 한정되지 않고 쉼의 풍경을 만들 수 있는 것들을 준비했습니다. 타인은 어떤 것을 통해 휴식과 숙면을 찾는지 공유하려는 거예요. 이곳에는 공식보다 취향이 통하는 손님들이 찾아오기 때문에 직접적으로 잠에 도움을 준다고 하는 제품보다는 마음이 안정되거나 기분을 나아지게 해 주는 것들로 구성했어요. 캐모마일 차나 안대 같은 제품이 없는 이유이기도 합니다. 저는 안대를 믿지 않아요. 솔직히 안대 끼면 오히려 불편하지 않나요?

철학의 기준이 되었다는 부분이 흥미로워요. 노트앤레스트의 탄생 배경이 재미있다고 들었어요.

처음엔 침구와 관련된 소품을 취급해 보고자 오르에르 김재원 대표에게 큐레이션을 부탁했어요. 소품이나 오브제 분야에 일가견이 있는 분이잖아요. 오르에르, 포인트오브뷰 등 본인의 브랜드를 만들면서 일종의 프로세스가 구축되었더라고요. 기획 자료를 먼저 받았는데 논문을 읽는 줄 알았어요. 큐레이팅을 맡겼는데 브랜딩을 해 오신 거예요. 노트앤레스트의 '노트'는 음표를, '레스트'는 쉼표를 뜻해요. 악보는 음표와 쉼표로 이루어져 있고, 템포나 강약에 따라 음악에 리듬이 생기는데 우리의 삶 또한 마찬가지이죠. 다양한 장르의 음악이 있고 어떤 것이 더 좋다고 할 수 없는 것처럼 삶과 일상 역시 각자 만들어 가는 거예요. 하지만 대부분 음표와 관련된 것들이고 쉼표는 등한시하기 쉽죠. 쉼표가 있어야 더 길고 깊게 지속할 수 있다는 건 모두 알고 있는 사실이에요. 저마다 쉼표의 풍경을 만들어 보았으면 해요. 김재원 대표가 아이디어를 주면서 매우 아까워했어요. 본인이 쓰고 싶다고. 하지만 너무 마음에 들어 이곳에 데려왔죠. 긴 쉼표는 매트리스의 모양을 닮았어요. 그래서 매트리스 체험 공간 입구에는 긴 쉼표를, 짧은 휴식을 주는 제품들에는 작은 쉼표를 표시해 두었어요.

방마다 놓인 소품에 붙은 태그가 그거였군요. 판매하는 제품과 아닌 제품을 구별할 수 있겠네요. 설명을 듣고 보니 더 알맞은 콘셉트예요.
작은 소품 코너를 생각하며 의뢰했는데 큰 개념으로 되돌아와서 이 작은 숍에 담을 수 있을까 고민했어요. 그런데 곱씹어 볼수록 식스티세컨즈의 뿌리를 발견한 것 같은 기분이 들었어요. 산발적으로 떠올랐던 아이디어, 즉 브랜드와 잘 맞을지 고민했던 것들이 명확하게 울타리 안으

로 들어오더라고요. 소품이 될 수도 있지만 지금 듣고 있는 음악 플레이 리스트로 청음회를 열 수도 있고요. 강연도 가능하고요. 휴식이라는 개념을 매트리스뿐만 아니라 여러 방향으로 확장해서 제안할 수 있는 기반이 생긴 거죠. 일, 사람, 관계 등에 대한 질문은 항상 하지만 어떻게 하면 더 잘 쉴 수 있을지, 숙면을 취할 수 있을지 고민하는 경우는 드문 것 같아요. 시간을 허투루 쓰면 안 된다는 인식이 사회에 팽배해서요. 아무것도 하지 않는 시간, 일명 멍때리는 시간에 관대하지 못한 분위기를 흔들어 보고 싶어요.

가끔은 강제적으로라도 휴식이 필요하다고 느껴요. 그런데 정작 브랜드를 운영하려면 항상 바쁠 수밖에 없을 것 같아요. 어떻게 챙기세요, 휴식? 아이를 낳기 전에는 삶의 균형이 없었어요. 일만 하다가 잠들고, 밥도 때우듯이 먹었어요. 그만큼 일에서 얻는 성취감이 컸거든요. 그런데 아이가 생기면서 가치관이 조금 바뀌었어요. 내려놓지 않으면 소중한 걸 지킬 수 없겠더라고요. 일은 하고 싶고, 그나마 택한 쉼이 땡땡이예요. 예를 들어 서촌에서 미팅이 있으면 짬을 내어 근처 대림미술관에 들르는 거죠. 그리고 저는 사람을 만나는 것 자체가 휴식이라고 여겨 그 시간에 굉장히 집중해요. 사람마다 쉬고 있다고 느끼는 지점은 달라요. 스스로 쉼이라고 인지하지 못하고 있을 수도 있어요. 아무것도 하지 않거나 여행을 떠나거나 퇴사를 감행하는 것처럼 거창하게 느껴질 수도 있지만 사실은 모두가 일상의 템포 사이에 쉼의 조각들을 끼워 넣고 있을 거예요. 그 사실을 인지하는 것만으로도 그 짧은 순간들이 훨씬 소중해질지 몰라요.

60 Seconds

에너지를 저장하는 것만이 쉼은 아니구나. 좋아하는 행위를 통해 에너지를 더하는 행위도 쉼이라고 본다면 내 삶에도 꽤 만족스러운 휴식이 존재한다. 나 역시 사람 만나는 걸 즐기고, 인터뷰를 일이 아닌 놀이로 받아들이기도 한다. 정말 고생했다는 생각이 드는 날에는 귀가해서 소파에 풀썩 누워 오랫동안 눈독 들이던 원피스를 죄책감 없이 구매한다. 평일 낮에 카페에서 한가롭게 커피를 마시는 일, 즉 대부분의 직장인이 바쁘게 일할 때 사소하게 시간을 쓰는 게 얼마나 부자 된 기분인지 그 순간만큼은 월급이 부럽지 않다. 완독하지 못한 책을 꺼내 다시 첫 장부터 차근차근 펼쳐 보는 일, 오래 입어서 구멍 난 티셔츠를 '다 되었다'라는 뿌듯한 마음으로 버리는 일, 길어진 단발머리를 다듬으러 미용실에 가는 일, 겨우 잠든 아이를 잠시 잊고 차가운 캔 맥주를 따서 꼴깍꼴깍 마시는 일 등. 나도 나름대로 아슬아슬하게 건강한 일상을 유지하고 있었구나 싶다.

저녁에 가까운 시간이 되니 라운지에는 크고 네모난 노을이 뜨거운 색으로 길게 늘어졌다. 쉼 없이 뜨고 지는 해 덕분에 우리는 수시로 아름다운 광경을 마주하고 잠시 멈춰서 들뜬 가슴을 잠재운다. 식스티세컨즈는 그런 경험을 하는 곳이다. 길고 짧은 쉼을 위해 묵묵히 아름답게 일해 주는 곳. 이곳에서 나의 쉼을 뉘고 싶다.

BRAND INFO
_____

HOMEPAGE: 60s.co.kr
INSTAGRAM: @60seconds_mattress

60 Seconds

늘 좋은일만 있으라고, 好好堂

좋은 날들은 더 즐겁게,
슬픈 날들은 아름답게

호호당
Hohodang

대표 양정은

About

특유의 보자기 포장 방법으로 이름을 알린 브랜드. 합리적인 가격과 디자인으로 대중에게 한국 문화의 매력을 전파하고자 한다. 기대를 넘는 의외의 협업과 제품을 통해 굳어 있는 인식을 바꾸고 있으며, 실제로 젊은 소비자의 전통문화 입문에 일조했다. 호호당 클래식Hohodang Classic, 호호당 베이비Hohodang Baby를 비롯해 히스토리 바이 호호당History by Hohodang을 통해 한복의 대중화에 힘쓰고 있다.

스틸 컷으로 먼저 만난 양정은은 단아했다. 수수한 미소를 걸치고 보자기를 싸매는 손끝에서 조신함이 쏟아졌다. 깃털같이 조용하고 가벼운 웃음소리와 발걸음을 나의 기대치에 담았다. 비가 내린다는 소식이 있던 인터뷰 당일, 경복궁역으로 향하는 3호선 지하철 안에서 벨 소리가 울렸다. "룬아 님! 오고 계세요? 혹시 차 가져오세요?" 예고 없이 마주한 양정은의 목소리는 굉장히 씩씩하고 에너지가 넘쳤다.

조금 깊숙한 곳에 위치한 북촌, 경복고등학교 앞 고즈넉한 삼거리에 도착했다. 벽돌 건물 외벽에 걸린 단단하고 정적인 황동 간판을 확인하고 문을 열자 활기가 쏟아졌다. 쌓여 있는 원단과 상자들, 구석구석 공간을 가득 메운 제품과 환하게 웃는 양정은의 표정이 나를 반겼다. 쇼룸을 배경으로 양정은의 모습을 카메라에 담은 후 자리에 앉자마자 예보되었던 비가 쏟아지기 시작했다. 적당하게 식은 커피를 한 모금 마셨다. 안전한 공기 안에 갇힌 느낌이 아늑하니 편안했다.

호호당은 보자기로 널리 알려져 있어요. 그게 다가 아닐 텐데, 어떤 브랜드인지 소개해 주세요.

양정 보자기를 중심으로 시작한 건 아닙니다. 저는 한국 요리를 하고 식당을 운영하던 사람이었어요. 호호당은 2012년에 맞춤으로 요리를 해주는 선물 요리 스튜디오로 시작했고요. 이바지 음식 등을 주로 다뤘는데 포장할 때 보자기를 많이 썼어요. 그런데 마음에 드는 보자기를 찾기가 정말 어렵더라고요. 그래서 직접 만들어 쓰기 시작한 거예요. 그때만 해도 어떤 느낌이 강했냐면 관광객들의 기념품 욕구만 충족시키면 되는, 즉 취향이 담기지 않은 제품들이 대부분이었습니다. 좋은 건 아름답지만 가격대가 높아 실질적으로 쓸 수 없었고요. 시장이 극과 극으로 나뉘어 있었어요. 아름다우면서 가격 부담이 적은 제품을 만들고 싶다는 생각이 늘 있었습니다. 음식을 담는 유기 제품도 만들면서 차차 한국의 색을 담은 생활용품 브랜드가 되었어요. 한편 무엇을 만들어도 포장 과정이 있기에 그 끝은 언제나 보자기예요.

유기도 비싼 제품이라는 느낌이 있어요.
당시에는 그랬고 현재는 많이 대중화된 편이에요. 예술 작품을 판매하는 게 아니기 때문에 일상생활에서 부담 없이 쓸 수 있도록 제작해요. 마진을 최소화해서 가격대를 낮추는 거죠. 호호당의 모든 제품들이 그렇습니다.

제품과 가격을 실제로 보고 구매할 만하다고 생각했어요. 대기업 브랜드의 가격대와 비교하긴 어렵지만, 리빙 브랜드라고 했을 때 크게 괴리감이 느껴지지 않아요.
더 낮추고 싶다는 생각은 항상 있지만 대량 생산을 하지 않고, 원자재 수급부터 생산까지 국내에서 하고 있거든요. 호호당 작업장이 따로 있는데 아시다시피 국내 인건비가 예전에 비해 많이 올랐죠. 해외에서 대량으로 들여오는 제품들과 가격으로 경쟁하긴 어렵지만 한국 제품을 만들면서 중국이나 베트남에서 생산하고 싶지 않다고나 할까요.

작업장을 직접 운영하는 게 가격 조정에 도움이 되나요?
작은 봉제 작업장이 있지만 그게 가격을 낮출 수 있다는 뜻은 아니에요. 인건비가 있어 오히려 점점 힘들어지고 있죠.

그렇다면 질을 낮추는 것도 아니고 국내 생산을 고집하면서 어떻게 합리적인 가격대를 조성할 수 있는 건가요?
소재를 바꾸는 거예요. 일반적으로 보자기는 특별한 경우에 사용하죠.

HOHODANG Inc.

Made in Korea

103, Jahamun-ro, Jong
Korea, 03032

life@hohodang.co.kr
www.hohodang.co.kr
www.hohodangstore.co.kr

명절이나 결혼식 등에 쓰기 때문에 본견(다른 실을 섞지 않고 명주실로만 짠 비단), 즉 실크로 만들어진 제품을 찾는데 가격대가 높아요. 그것들은 거의 작품 같은 수준이지만 물빨래도 할 수 없고 항상 조심해서 다뤄야 해요. 우리는 실크를 쓰지 않아요. 쉽게 말해 폴리 원단을 써요. 폴리의 스펙트럼이 정말 넓거든요. 그중 가장 한국적인 느낌을 살릴 수 있는 것, 실크는 아니지만 충분히 아름다울 것들을 찾아 수없이 테스트했어요. 호호당이 폴리 보자기의 시초라고 할 수 없지만 직접 만들기 전에는 예쁜 걸 찾기가 너무 어려웠어요. 최근에 만들기 시작한 한복도 모두 같은 원단이에요. 실크를 사용할 생각은 여전히 없지만 그렇다고 무조건 배제하진 않아요. 때에 따라서 정말 하고 싶은 작업이라면 쓰기도 하는데 보통은 클라이언트 요청이 많죠. 그리고 소재 공부를 많이 했어요. 하다 보니 욕심도 났고요. 노방의 경우 실과 실을 격자로 짜서 만드는 원단인데, 각각 다른 색상의 실을 짜면 각도에 따라 오묘하게 색상이 달리 보이는 매력을 갖고 있어요. 예전에는 실크로만 만들던 원단인데 기존 제작 방식은 유지하고 소재만 바꿔 보자는 생각에 경남 진주로 갔어요. 진주가 직조로 유명한 도시거든요. 새로운 시도라 대부분 부담스러워했지만 다행히 잘 맞는 분을 찾아서 폴리로 노방 원단을 만들 수 있었어요. 그렇다 한들 실과 실을 짜는 과정을 효율적이라고 할 수는 없죠. 싸게 하려면 백색 원단을 만들어서 필요에 따라 염색하면 되는데, 노방은 색실을 짜야 하는 거라 하루에 만들 수 있는 양이 상상 이상으로 극소량이에요. 뭐, 아무리 그래도 실크만큼 비싸진 않으니까요. 제조업체들이 경쟁하듯 단가를 낮추고 있는 상황에서 이런 내용을 소비자들에게 이해시키기는 정말 어려워요.

348

결국 내수 시장을 살리는 일이네요. 죽어 가는 산업에 숨을 불어넣는 일을 하고 있어요.

실크의 유통이 옛날만큼 원활하게 이뤄지지 않아서 진주의 원단 공장들이 문을 많이 닫았다고 해요. 그러면 공장만 없어지는 게 아니라 가업이 끊기고 전통이 사라지는 거예요. 비록 실크는 아니지만 일을 할 수 있는 것만으로도 좋아하신다고 들었어요.

전통 산업 얘기를 나누다 보면 항상 듣게 되는 씁쓸한 말들. 나부터도 전통에 크게 무관심했다. 쉽게 한복을 입을 수 있는 기회, 예를 들면 결혼식 피로연에서도 굳이 현대적이고 편한 쪽을 택했다. 그 대신 단정한 원피스를 한 벌 사서 두고두고 입었는데, 내가 언제부터 그렇게 합리적인 인간이었나 싶다. 고집스럽게도 당시의 나에게 한복이란 불필요한 격식이자 잠깐의 사치였다. 예쁜 건 둘째 치고 불편하고 비쌌다. 아니, 비싸서 불편했다. 돌잔치 때 입혀 볼까 해서 문의해 본 아이 한복은 대여료만 30만 원이 넘었다. 그마저도 흙바닥에 앉을까, 침을 흘리진 않을까 노심초사해야 하다니. 그렇다고 대형 마트 행거에 걸린, 한복 흉내를 내고 있는 알록달록한 옷을 입히고 싶진 않았다.

마트에서 파는 한복이 거의 중국에서 만들어 온 것이에요. 국내 생산을 고집하고 있으니 중국 공장을 소개해 주겠다고 하는 거래처도 있어요. 엄청난 유혹이지만 소신을 지키려고 노력해요. 온라인에서 검색하면 저렴한 제품은 얼마든지 찾을 수 있지만, 그만큼 조금만 관심을 갖고 들여다보면 우리가 얼마나 좋은 원단으로 정성을 담아 만드는지 알 수 있을 거예요. 저 역시 좋은 날 고급 옷을 신경 쓰면서 조심해야 하는 게 싫어요. 중요한 건 그런 게 아니잖아요. 그래서 편하고 아름다운 제품을 계속 만들고 싶어요.

'사는 동안 좋은 일만 있으라고'라는 슬로건이 오래도록 마음에 남아요. 호호당이라는 이름을 어머님이 지어 주셨다고요. 어떤 분이었나요?
감성적이셨죠. 호호당은 원래 신혼집에 붙여 주신 이름이었어요. 문패도 있었는데 이 얘기를 하면 대단한 집에 살았다는 오해를 받기도 해요. 실제로는 부모님의 도움을 받지 않고 결혼하면서 작은 집을 구했는데 보기에 아쉬웠는지 우리 힘으로 금방 일어날 거라고 응원하면서 지어 주신 거예요. 이름이 생기니 그 집은 좋은 추억을 쌓아 갈 특별한 공간으로 바뀌었죠. 긍정적인 힘이 강하고 재미있는 분이었어요. 항상 저를 믿고, 한 번도 제 의견에 반대하신 적이 없어요. 작명에 욕심이 있어 제가 전에 운영했던 식당 이름도 지어 주셨어요.

어머니 이야기를 하는 양정은의 낯빛이 밝고 아련했다. 그의 얼굴에는 어머니가 깊이 깃들어 있을 것이다. 좋은 것들로 채워 주신 어머니, 믿음과 응원으로 키워 주신 어머니. 양정은이 이전에 운영하던 식당 '정미소'의 뜻은 '맑은 물 길어 밥 짓는 곳'이라고 했다. 지으신 모든 이름에 밝은 기운이 철철 흐른다.

Hohodang   **351**

요리를 매우 좋아하는 것 같던데 생활용품으로 사업을 변경하게 된 이유가 있나요?

고등학교 때부터 요리를 하고 싶었어요. 엄마도 엄마지만 할머니가 재주가 엄청 많으셨어요. 우리 집에서는 떡을 사 먹어 본 적이 없어요. 만들어 먹었거든요. 김치 한 번 담그면 몇 백 포기씩 나와요. 고생스럽다는 생각은 한 번도 안 해 봤어요. 오히려 멋있어 보였어요. 식당을 하면서 쌓인 즐거움과 추억도 많지만 개인 시간이 너무 없었어요. 가정을 꾸리면서 해 보고 싶은 것들이 많았는데 삶이 온통 식당뿐인 거예요. 그때 그만두지 않으면 죽을 때까지 식당만 할 것 같다는 느낌도 들었어요. 많은 걸 배웠지만 다른 경험도 하고 싶었거든요. 그래서 일단은 결혼생활에 충실하면서 다음 계획을 세우기 위해 문을 닫았어요. 좋은 마음으로 정리해서 그런지 지금도 요리를 하고 싶어요. 제조업은 많은 사람들의 머리와 손을 거쳐서 결과물이 나오는데, 너무 오래 걸려요. 반면 식당은 정신없이 바쁘지만 새벽에 산 재료로 방금 만든 따끈한 요리를 먹으며 좋아하는 손님들의 모습을 보면서 피로를 잊곤 했어요. 종종 주방에서 손님들을 훔쳐보기도 했죠. 건강한 재료를 사용하고 조미료는 전혀 쓰지 않으니 동네 꼬마들의 첫 외식 장소가 되었어요. 그 아이들이 커서 슈퍼에서 사 온 아이스크림을 수줍게 건네기도 하고, 그런 기억들이 좋게 남아 있어요. 호호당은 계획이 없는 작업장이었어요. 조금 더 쉬려고 했는데 엄마가 돌아가셨어요. 마음을 달래려 일을 빨리 시작했죠. 사업장에 호호당이라는 이름을 쓸 생각도 없었는데 엄마가 지어 주신 이름을 걸고 긍정적으로 극복하고자 했어요. 그러다 보니 여기까지 오게 됐네요. 지금도 가장 즐겁고 좋아하는 건 요리입니다.

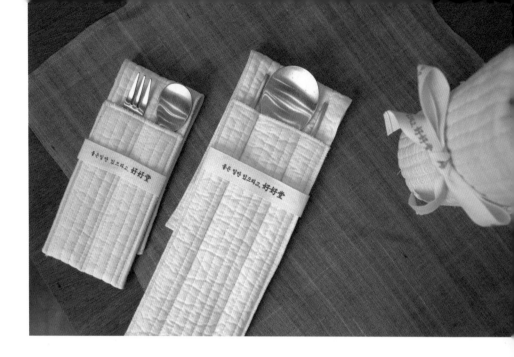

만드는 요리와 제품의 결이 비슷할 것 같아요.

편안함과 소박함이 좋습니다. 결혼, 출산 같은 행사들을 배경으로 하니 먹고살기도 힘든데 이런 제품을 만드냐고 하는 이들이 있어요. 예단 절차를 간소화하는 게 대세잖아요. 하지만 꼭 경제력이 있어야 전통을 이을 수 있는 것도 아니고, 오히려 팍팍한 일상 속에서 따뜻함으로 다가갈 수 있다고 생각해요. 가족 간의 끈끈함을 지키며 힘든 상황도 잘 이겨낼 수 있고요. 그래서 누구나 손쉽게 누릴 수 있기를 바랍니다. 대학원에서 한국 요리를 배우며 김치, 장, 술은 담가 봤어요. 물론 그것도 너무 좋고 어릴 때부터 집에서 보고 자란 터라 크게 고생스럽지도 않았지만 정작 식당을 할 때는 건강한 재료와 단순한 조리법으로 만든 소박한 골동반 (비빔밥)을 팔았을 뿐이에요. 매일 회사 점퍼를 걸친 아저씨들이 구내식당 드나들 듯 식사하러 오곤 했어요.

Hohodang

마주 앉은 카운터 옆에 걸려 있는 노방 백에 손을 뻗었다. 시장에서 물건을 담아 주는 비닐봉지 모양에, 격자로 짜인 실 사이로 내용물이 드러나 보이는 가방이었다. 매우 가볍고, 마구 접어도 되고, 물에 젖어도 된다. 가격도 적당하고, 예뻤다. 현대적이지만 한국적인 느낌이 물씬 풍겼다. 계절과 무관하게 매일매일 편하게, 동시에 멋지게 들 수 있을 것이다. 평소 즐겨 입는 옷을 생각해 회색을 집었다.

대화를 나누는 중에도 손님들이 다녀갔다. 추적추적 비가 오는 낮, 조용히 우산을 접어 세워 두고 구석구석을 꼼꼼히 살피며 아늑한 시간을 흘려보냈다. 호호당 쇼룸을 자세히 들여다보면 완벽함보다는 친근함이 다가온다. 많은 제품이 자리를 다투고, 돌돌 말린 원단들이 갈 곳을 모르고 쌓여 있기도 했다. 이쪽을 찍겠다고 하니 박스들을 반대쪽으로 밀어내고 있는 모습에 피식 웃음이 났다. 숨통이 트였다. 넘치는 자유로움 안에서 모든 제품들이 규칙 없이 자연스럽게 어우러졌다. 양정은이 그랬다. 물과 공기가 자유롭게 흐르는 작은 숲과도 같았다. 그래서일까 정미소도, 호호당도 자발적으로 자연스럽게 시작한 일이다. 애초에 깨부술 틀이 없었다.

고생할 팔자인 거죠. 겁이 없어요. 엄마와 대화를 많이 했는데 지금은 유일하게 의논하는 대상이 남편이네요. 엄마가 항상 응원해 주는 스타일이었다면 남편은 냉철하게 판단해 줘요. 그게 서운하게 느껴질 때도 있었지만 시간이 지나고 돌이켜 보면 이해가 되더라고요.

그렇게 시작한 일들이 결과가 좋네요.
어떤 기준으로 보느냐에 따라 다르겠죠. 철저하게 사업성만 놓고 따지면 실패작일 수도 있고요. 하지만 개인적으로는 다 재미있고 의미 있는 일들이었어요.

할머니와 아버지께서 사극 의상을 제작하셨다고요. 독특한 가정 환경에서 자라왔겠어요. 추억도 많고 영향도 크게 받았을 것 같아요.

어릴 때 집 1층에 작업장이 있었는데 나이가 지긋하신 분들이 앉아서 짚신을 꼬고, 가죽을 일일이 망치로 펴서 바느질로 꿰매어 갑옷을 만들고 계셨어요. 그분들이 돌아가신 후에는 아무도 그 일을 하지 않아요. 레이저 커팅 같은 기술이 많이 좋아지기도 했죠. 인건비는 오르는 반면 제작비는 갈수록 낮아지고요. 지금은 다 중국에서 생산해요. 중국은 사극을 많이 찍잖아요. 북경과 상해에 한 달간 지내면서 일한 적도 있어요. 싫었던 점은 없어요. 조선 시대에 태어났어도 좋겠다는 생각을 종종 해요. 내 몸에 한복만큼 잘 맞는 옷이 없어요. 그렇다고 한복을 매일 입고 싶은 건 아니지만요. 손으로 일하는 걸 좋아하고, 그걸 지루하게 해 나가는 것에 대한 거부감이 없어요. 그래서 혼자 요리하는 것도 어렵지 않았나 봐요. 새벽 2시에 출근해서 온종일 떡을 만들고 포장하는 일도 즐겁게 했어요.

양정은의 성향이 그렇다 한들 호호당이 자체 제작만 하는 것은 아니다. 설화수 같은 국내 브랜드는 물론이고 구찌나 페라가모 등의 해외 명품 브랜드와 협업도 꾸준히 해 왔다. 특히 평창 올림픽 마스코트인 수호랑의 한복과 반다비의 어사화를 만들기까지 했다니, 혼자 조용히 일하는 걸 좋아한다면서 손댄 영역의 수준이 장난이 아니다.

평창 올림픽 미팅 같은 일을 할 때는 어안이 벙벙하죠. 믿을 수가 없다고 해야 하나. 처음에 해외 브랜드에서 제안이 올 때는 일단 호호당을 어떻게 알았는지 궁금했고, 특히 한국과의 협업이 좋았다는 피드백을 받으면 어깨가 한껏 으쓱해지죠. 구찌와 했던 프로젝트가 그랬어요. 다른 나라는 몇 번 반려된 일이 한국은 한 번에 통과했다고 해서 정말 좋았어요. 주로 보자기 의뢰가 많아요. 브랜드 아이덴티티에 맞춰서 보자기를 디

Hohodang   **355**

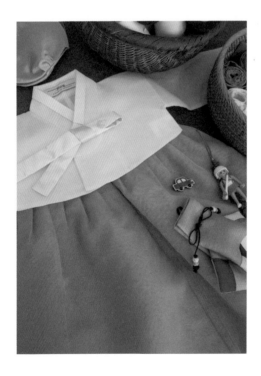

자인하는 일이죠. VIP를 위한 포장을 한다든가 하는 일에 쓰여요. 용도에 맞춘 매듭법을 개발하기도 하고요. 외국인에게 한국의 색감은 화려한 이미지를 갖고 있어요. 반면 한국 사람들은 단아한 걸 선호하는 편이고요. 저도 협업을 몇 번 해 보면서 시선이 바뀌었어요. 처음에는 얌전한 색감을 많이 썼는데 갈수록 양단(은실이나 색실로 수를 놓고 겹으로 두껍게 짠 비단)의 광택과 진한 색감이 예뻐서 과감하게 활용하곤 해요. 국내 협업으로는 방배동에 있는 마들렌 가게 메종엠오가 기억에 남습니다. 남자 셰프는 일본인, 여자 셰프는 한국인이에요. 명절에 한국적인 포장을 하고 싶다고 하여 대략 3~4년 전부터 매년 함께 하고 있어요. 일본인과 한국인 부부가 정성스럽게 마음을 전해 온 과정이 인상 깊었다고 할까요. 협업할 때마다 즐겁고 기분이 좋아요.

플레이모빌이 달린 노리개가 너무 귀여워서 자꾸 웃음이 나요.
아이들이 좋아할 만한 소품을 고민하다가, 플레이모빌은 아이도 어른도 모두 좋아하는 아이템이라 제안하게 되었어요. 다행히 너무 좋아했고, 호호당에서만 만들 수 있도록 라이선스 계약을 체결한 상태예요. 어릴 때부터 한복을 갖고 있다는 것만으로도 즐거운 추억이 하나 느는 것 같아요. 어른들은 번거로워서 챙겨 입지 않지만 아이들은 한복 입으면 너무 귀엽잖아요. 사진도 남기게 되고요.

아이들이 직접 한복을 고르기도 할 텐데, 보고 있으면 재미날 것 같아요.
자기 취향대로 골라요. 여자아이들은 대부분 묻지도 따지지도 않고 핑크죠.

포털 사이트에 호호당을 검색하면서 '호호당'이라는 제목의 디지털 앨범이 결과에 나오는 것을 보고 의아하게 생각했다. 호호당이 보편적으로 쓰이는 단어였나? 조금 더 들여다보니 호호당이 만든 앨범이었다. 마침 매장에 놓인 작은 스피커에서 내내 '호, 호, 당~' 하는 경쾌하고 밝은 노래가 흘러나오고 있었다. 맑은 날 살랑살랑 바람이 기분 좋게 불고, 꽃잎이 휘날리는 장면이 그려지는 그런 곡이었다. 밖에서는 비가 내리고 있는데 이 안에서는 꽃잎이 날렸다. 상상 속 담장 뒤에서 발랄한 규수 한 명이 걸어올 것만 같다.

친한 친구인 이사라가 작곡했어요. "여기에 있는 동안만이라도 행복했으면 좋겠다, 모든 걱정을 잊고 즐거웠으면 좋겠다, 좋은 일이 있을 때 깡충깡충 뛰어오는 곳이었으면 좋겠다"라고 의뢰했더니 "호, 호, 당~"이라는 노래를 만들어주었네요. CD를 만들어서 손님들에게 주고 싶다고 했더니 한 곡만으로는 안 된다면서 셋째 아이 임신 중에 틈틈이 곡을 써주었어요. 피아노곡으로 바꾼 가수 재주소년의 곡들을 듣고 제가 제목을 달기도 했던 즐거운 작업이었어요.

호호당에 본격적으로 관심을 갖게 된 건 친구들이 갓 태어날 아이를 위해 준비한 선물을 본 후였어요. 전통 혼례나 돌잔치를 찾고, 한복 형태의 현대복을 만들어 입기도 하는 걸 보면 전통에 대한 젊은 세대의 관점이 점차 변해 가는 것 같기도 한데, 어떻게 생각하나요?
트렌드에 둔감해서 전반적인 흐름에 대해 얘기하긴 어렵지만 보자기 포장에 대한 관심은 확실히 늘었어요. 산업 자체도 발전해서 요즘에는 웬만큼 괜찮은 보자기도 심심찮게 찾아 볼 수 있어요. 젊은층은 잘 모르겠고 외국인들의 관심은 점점 늘어나는 추세예요. 한국 문화가 많이 알려졌다고 하지만 아직 멀었습니다. 한국에 오는 외국인은 기본적으로 호감과 관심을 갖고 오잖아요. 밀라노와 독일에서 열리는 박람회에 참가

Hohodang

해 봤는데 중국과 일본에 비해 인지도가 떨어져요. 일본은 포장이 뛰어나요. 그들의 문화를 동경하게끔 하죠. 보다 더 잘 갖추고 준비가 됐다고 느껴질 때 다시 나가 보고 싶어요.

갈 길은 멀지만 인지도가 높아지는 걸 체감할 것 같은데요.
그렇기도 하죠. 특히 단체로 방문하시는 관광객 손님들은 어떻게 알고 왔는지 궁금해요. 얼마 전에 독일 가족이 방문했는데 '보야기'를 찾는 거예요. "아, 보자기." 하며 안내해 주었는데 너무 만족하면서 매장을 한참이나 둘러보고 갔어요. 일본에도 '후로시키'라는 보자기 문화가 있어요. 외국인들은 후로시키에 더 익숙하죠. 그래서 보자기는 그것과 조금 다르다고 설명해 줘요.

후로시키와 보자기는 뭐가 다른가요?

말로 정확하게 설명하기는 어렵지만 느낌이 달라요. 한국과 일본의 뉘앙스 차이라고 할까요. 일본에는 더 아기자기한 느낌이 있죠. 후로시키 역시 전통적으로는 본견을 사용해서 매우 고가인데 점점 생활화되어서 문화 상품으로 굳었고 그 부분이 굉장히 부러워요. 손끝에서 전해지는 전통은 단단하게 이어지거든요. 우리는 타의에 의해 끊긴 적도 있고 한동안은 내부적으로 무시하는 경향도 있었는데 다시 일으켜 세우려고 하니 일본을 답습한다고 보는 시선들도 있어요. 어쨌든 우리는 우리만의 방식으로 해 나가는 게 의미 있다고 생각해요. 그러려면 일상 속에서 가볍게 접하는 것들이 가장 중요해요. 무거우면 부담스럽고 부담스러우면 강요가 되어 버려요. 누가 그런 마음으로 생활용품을 쓰고 싶겠어요. 우리도 멋진 문화가 많으니 앞으로 잘 풀어나가고 싶어요.

부담 없는 것은 늘 좋다. 이 사람의 취향이 궁금해졌다. 발목까지 오는 하얀색 플리츠스커트가 예뻐서 브랜드를 물었더니 인터넷에서 싸게 구매한 거라 기억나지 않는다고 했다. 반면 양쪽 귓불에 은은하게 달린 금귀걸이는 어느 유명 브랜드의 시그니처 디자인이었다.

미니멀리스트라고 하긴 어렵지만 실용적인 편이에요. 남편의 일로 외국에 나가면서 짐을 대거 정리한 게 계기가 되었어요. 지금은 아이가 어려 마음껏 집을 꾸밀 수도 없고요. 그렇게 지내다 보니 실제로 물욕이 사라지는 걸 느껴요. 물건의 가치가 금액으로 결정되지 않는다는 것도 알게 되었고요. 살다 보면 아무것도 아닌 것들이 소중해지기도 하잖아요. 반면 꼭 갖고 싶은 게 있다면 주변 사람들의 의견이나 물건의 가격과 상관없이 소장하려고 해요. 예를 들면 달항아리 같은 거예요. 하지만 지금 당장 달항아리가 없다고 해서 어떻게 되진 않으니까요.

다 가질 수도, 가질 필요도 없죠. 저는 조금 금액이 나가더라도 마음에 드는 물건을 사는 게 장기적으로 더 아끼는 거라고 생각하는 쪽이에요. 소비의 밸런스가 중요한데, 호호당이 그런 욕구를 채워 주는 위치에 있는 것 같기도 하고요.

소비도 그렇고 물건을 만들 때도 오로지 제 취향대로 선택해요. 그렇게 했을 때 만족도가 가장 높아요. SNS를 하지 않다시피 해서 그런지 트렌드나 타인에게 휘둘리지 않아요. 검색은 인스타그램보다 구글을 이용해요. 정독도서관에도 자주 가고요. 한 권의 책을 만들기 위해 얼마나 많은 사람들이 노력을 했겠어요. 정제된 정보를 선호하는 편이에요.

오래 사용하고 대물림하는 물건들에 있어서만큼은 트렌드보다 전통에 답이 있을지도 모르겠어요.
단지 저 같은 사람도 있는 거죠. 모두 저와 같으면 옷 가게들은 다 망하게요.

한국, 특히 서울은 정말 속도가 빠른 곳이에요. 그 안에서 전통을 이어가는 일을 하는 것에는 고충과 보람이 따를 것 같은데요.
애초에 모든 사람을 만족시키는 건 불가능하다고 생각해요. 호호당을 좋아하는 사람들을 만나서 대화를 나눠 보면 마음이 통하는 것을 느껴요. 식당을 할 때도 마찬가지였어요. 소수를 만족시켜 주는 게 즐겁지, 세상 모두가 호호당을 알고 호호당을 좋아하게끔 하는 일에는 관심이 없어요. 그래서 딱히 트렌드에 민감하지 않고, 그렇기에 이런 일을 하고 있는지도 모르겠네요.

Hohodang

기억에 남는 손님에 대해 물었더니 그런 손님들이 너무 많아 어렵다며 난감하게 웃었다. 아리랑TV에서 촬영을 해간 적이 있는데 그 방송을 본 사람들이 꽤 많았나 보다. 한번은 오스트리아로 입양된, 하지만 한국을 방문해 본 적 없는 외국인이 방송을 보고는 남편에게 보자기를 소개해 주고 싶다며 함께 매장을 찾아왔다. 하와이에서 몇 십 년 동안 한국에 오지 못한 친구를 위해 일본인 친구가 보자기를 사 갔다. 교포들이 한국에 한 번 오는 게 생각보다 큰일이라고 한다. 연고도 없고 아는 이도 없다. 항상 그리워하면서도 올 이유가 마땅치 않다. 그런 사람들에게 보자기 한 장이 얼마나 큰 감동을 줄지 아마도 우리는 절대 알 수 없겠지.

사업 초창기에 예단 포장을 하고 싶다며 찾아오신 분이 있었어요. 상자를 열었는데 럭셔리 제품은 없고 소소하고 아기자기한 선물이 한가득인 거예요. 하나하나 보자기로 포장하고 싶다고 하셨는데 가족들을 생각하는 마음이 너무 예뻤어요. 합쳐도 명품 백 하나의 가격도 안 되겠지만 그 선물을 받는 기분이 얼마나 좋을까요. 옛날에는 혼수 장만하면서 신랑 식구들의 버선을 한 켤레씩 준비했다고 해요. 큰 선물은 아니지만 깨끗한 버선 신고 오시라는 의미로요. 그 마음이 너무 예쁘지 않나요?

마음이 채워지는 일투성이네요. 호호당은 입문하면 출구가 없을 것 같아요. 재방문이 많겠어요.

많아요. 예단을 장만한 손님들이 배냇저고리를 사러 오고, 그분들이 또 한복을 맞추러 방문해요. 외국에 있으면 이런 것들에 대한 그리움이 생기나 봐요. 부모님이 대신 오셔서 영상 통화로 물건을 고르기도 하고, 그런 모습을 보면 참 흐뭇하죠.

좋은 날을 축복하는 일은 당연히 좋지만, 그렇지 않은 날도 호호당이 보듬어 줄 수 있을 것 같아요. 더 해 보고 싶은 분야가 있나요?

항상 마음에 두고 있었지만 시작하지 못한 건, 누군가가 세상을 떠났을 때를 위한 것이에요. 가장 경황이 없을 때이지만 예를 갖추거나 혹은 그 순간을 아름답게 준비하고 싶은 사람들이 있을 거예요. 하지만 죽음에 대해 이야기하는 것은 금기시된 것 마냥 시장이 없어요. 그걸로 돈을 벌겠다는 게 아니에요. 부담 없이 마음을 전할 수 있는 제품을 만들고 싶어요. 너무 어둡고 슬픈 감정으로만 보지 않기를 바랍니다.

Hohodang

자신이 했던 경험을 다른 이들은 더 잘 보낼 수 있기를 바라는 마음에서 비롯된 계획이었다. 호호당의 밑바탕에는 양정은의 어머니가 짙게 깔려 있었다. 매장 곳곳에 어머니가 물려주신 돈궤와 반닫이가 디스플레이 되어 있다. 어머니가 떠나고 한참이 지난 후에 열어 본 그 안에는 한복이 담겨 있었는데, 그중에 태어나지 않은 손주들의 한복 몇 벌이 작은 메모지와 함께 고이 개켜 있었다. 아이는 할머니가 살아생전 준비해 주신 한복을 입고 돌잔치를 치렀다. 옷을 발견하고 많이 울었다는 양정은의 그 순간, 그 마음을 감히 상상할 수 없다. 무엇을 상상하든 그 이상일 것이기에. 호호당을 직접 운영하는 이는 양정은이지만 정신과 뿌리는 그의 어머니로부터 비롯된다. 아니, 사극 의상을 만드시던 할머니, 그리고 그의 어머니로부터.

인터뷰가 끝났다. 호호당이 일상으로 돌아갈 시간이었다. 회색 노방 백과 민무늬 돌 반지와 첫돌 축하한다며 챙겨 준 푸른색 플레이모빌 노리개가 비에 젖지 않도록 품에 꼭 안고 우산을 펼쳤다. 귓가에 맴돌던 "호, 호, 당~" 노래가 멀어지고 나 역시 일상으로 돌아갈 시간이었다. 하지만 앞으로 삶에서 겪을 많은 순간들이 조금은 달라질 것이었다. 좋은 날이든 덜 좋은 날이든.

BRAND INFO

HOMEPAGE: hohodang.co.kr
INSTAGRAM: @hohodang_official

Hohodang

에필로그 Epilogue

신생아를 키우면서 책까지 쓰겠다니, 오래 걸릴 거라 예상했지만 그보다 조금 더 오래 걸렸다. 첫 인터뷰 원고를 찾아보았다. 인터뷰이는 웜그레이테일이었고 날짜는 2018년 10월로 거슬러 올라간다. 때는 아이를 낳고 5개월이 꽉 찬 시점이었다. 임신 기간까지 포함해 길었던 공백기 끝에 복귀한다고 생각하니 흡사 이직하는 사람처럼 긴장했다. 섭외가 될까, 떨리는 손가락으로 덜덜덜 누른 전송 버튼이 무색하도록 열두 팀의 날고 기는 크리에이터들이 작은 카메라와 녹음기 하나 들고 뛰는 나를 기쁘게 반겨주었다. 개인적인 사유로 섭외에 응하지 못한 인터뷰이들도 있었지만 모두 진심을 다해 미안해했다.

15개월이라는 짧고도 긴 시간 동안 인터뷰이들은 성장하고 진화했다. 이 책이 그들에게 어떤 도움이 되는지는 알 수 없다. 저마다 감상이 다르겠지만 내가 만난 인터뷰이들은 인터뷰 하나쯤 없어도 이미 성공적인 사업, 또는 작업을 꾸려나가고 있었다. 기사가 바로 나오지도 않고 수만 명의 팔로워를 지닌 인플루언서도 아닌데, 그들은 기꺼이 자리를 내주었다. 오픈 시간이 아닌데도 굳이 출근해서 문을 활짝 열고 갖가지 먹을 것을 차려주거나 작은 선물을 손에 쥐여주었다. 먼저 부탁한 입장에서 호의를 자꾸 되돌려 받으니 내가 할 수 있는 것은 책을 아주 잘 만드는 것뿐이었다.

원고가 완성된 후에는 인터뷰이 회람을 통해 내용을 확인받았다. 각자 바쁜 와중에도 짬을 내어 꼼꼼하게, 또 시원시원하게 피드백을 주었다. 하나둘 회신이 돌아오던 중, 한 명의 인터뷰이에게서 짤막한 문자가 하나 도착했다. '저 많이 울었어요.' 덧붙여 다정한 소감과 함께 좋은 기억을 선물해주어서 고맙다고 했다. 나도 휴대폰을 붙들고 엉엉 울었다. 그런 날이었고 그것으로 충분했다.

고백하건대 이 책을 만드는 과정에서 가장 큰 수혜자는 나다. 인터뷰는 늘 즐거웠다. 몸과 마음이 힘들 때, 슬럼프가 찾아올 때마다 그들에게 받은 에너지를 꺼내먹었다. 그 시간은 어떤 소비나 행위로도 대체할 수 없는 것이었다. 경험이란 결코 돈 주고 살 수 없는 개인의 고유한 보물이고, 그것을 타인과 나누는 일은 더욱 큰 선물이다. 열두 개의 이야기가 독자들에게 선물처럼 다가갈 수 있기를 바란다.

위태로운 임신 중에 받은 반가운 초대, 그 계약서에 서명함으로써 나는 육아에 많은 시간과 체력을 쏟아 부으면서도 자존감을 지킬 수 있었다. 큰 욕심을 부리기보다 하고 싶은 일을 할 수 있다는 사실 그 자체에 감사했다. 내가 정말 좋아하는, 사람들과 관계를 맺고 그들의 결실이 담긴 풍경을 사진으로 담는 일, 달고 쓴 이야기를 전하는 일 모두 아낌없이 풀어낼 수 있도록 기회를 주고 묵묵히 기다려 준 지콜론북에게도 감사하다는 인사를 전한다.

긴 호흡으로 여러 분야의 크리에이터들을 만나며 남몰래 응원받았다. 마지막 원고를 넘기고 어둑해진 책상 앞에 앉아 드디어 '더콤마에이'의 행보에도 용기를 내기로 했다. 오랫동안 긴가민가하던 생각이 비로소 확고해졌다. 직업이든, 단순한 일상이든, 소비든, 가치관이든, 이 시대에 결코 무시할 수 없는 영향력을 행사하는 것은 바로 개인의 취향이라는 것이다. 인터뷰이에게 업무 기준에 대해 물으면 '결이 잘 맞는'이라는 대답이 돌아오곤 했다. 나 역시 어떤 기준으로 인터뷰이를 선택하느냐는 질문을 종종 받는다. 수많은 이유가 있지만 결국은 취향으로 귀결된다.

올해는 취향 잡지를 창간하려고 한다. 결심은 아주 설레었고, 책을 마무리하며 진을 빼는 과정에서 나도 모르게 두려움이 커졌지만, 할 수 있을 것이다. 함께 한 모든 이들의 열매인 이 책을 씨앗 삼아.

INTERVIEW DATE

2018	October 11	웜그레이테일
	November 12	웬디앤브레드
	December 27	원오디너리맨션
2019	January 25	오르에르
	February 11	이라선
	March 28	티컬렉티브
	April 25	호호당
	May 20	오롤리데이
	June 13	식스티세컨즈
	September 1	어라운드
	September 15	이혜미 + 오유글라스워크
	September 30	앙봉꼴렉터

취향집

늘 곁에 두고 싶은 나의 브랜드

초판 1쇄 발행 2020년 2월 28일
초판 3쇄 발행 2021년 5월 10일

지은이	룬아
펴낸이	이준경
편집장	이찬희
총괄부장	강혜정
편집	이가람, 김아영
디자인팀장	정미정
디자인	김정현
사진	룬아
마케팅	정재은
펴낸곳	지콜론북

출판등록	2011년 1월 6일 제406-2011-000003호
주소	경기도 파주시 문발로 242 3층
전화	031-955-4955
팩스	031-955-4959

홈페이지	www.gcolon.co.kr
트위터	@g_colon
페이스북	/gcolonbook
인스타그램	@g_colonbook

ISBN 978-89-98656-94-2 03320
값 19,500원